Vorlagen für keltische Muster

Chris Down

Vorlagen für keltische Muster

Weltbild

Für Matthew, meinen Neffen

Titel der Originalausgabe *The Crafter's Design Library Celtic*

Zuerst veröffentlicht 2003 in Großbritannien von David & Charles

Deutsche Erstausgabe

Übertragung ins Deutsche: Christian Klar
Koordination und Bearbeitung der deutschen Ausgabe:
bookwise medienproduktion GmbH, München
Lektorat: Fiona Eaton, Jennifer Proverbs
Layout: Ali Myer, Lisa Forrester
Fotografie: Ginette Chapman
Umschlaggestaltung: Silvia Braunmüller, Atelier Lehmacher,
Friedberg (Bay.)
Gesamtherstellung: aprinta Druck GmbH & Co. KG,
Senefelderstraße 3-11,86650 Wemding

Printed in Germany

ISBN 3-8289-2451-4

Anmerkung des Autors
Viele Motive in diesem Band wurden von antiken Quellen inspiriert und an die Bedürfnisse moderner Leser angepasst, die eigene, individuelle Projekte ausführen möchten. Soweit möglich werden diese Quellen angegeben. Da es sehr viele Quellenmaterialien aus ferner Vergangenheit gibt, wird oft angenommen, alle keltischen Kunstwerke seien frei verfügbar. Das ist leider nicht der Fall – nicht alle keltische Kunst ist für die Weiterverwendung freigegeben, da es auch etliche Werke moderner Künstler gibt, die auf neue und innovative Weise im keltischen Stil arbeiten. Diese neuen Arbeiten unterstehen dem gleichen Schutz wie alle neuen Entwürfe und sind mit dem entsprechenden Respekt zu behandeln.

Inhalt

Grundlegenden Techniken

Keltische Kunst: eine Einführung	6
Über dieses Buch	10
Ideen	11
Übertragung der Motive	12
Modifizieren und Ausschmücken	18
Variationen	20
Zierrahmenmotive	22
Farbgestaltung	24
Projektgalerie	26

Die Schablonen

Knoten	32
Tierwesen	58
Spiralen	84
Heilige und Engel	96
Baum des Lebens	104
Latène	110
Alphabet	118
Register	126
Über den Autor • Bibliografie	128

keltische kunst: eine Einführung

Seit dem Ende des 20. Jahrhunderts erlebt die keltische Kunst ein regelrechtes Comeback. Nachdem sie fast ein Jahrtausend lang als trauriger Schatten ihrer Blütezeit ignoriert wurde und dabei fast völlig in Vergessenheit geriet, finden inzwischen immer mehr Kunsthandwerker und Bastler Gefallen an keltischen Motiven.

Das Interesse an der keltischen Kunst steigt kontinuierlich seit über 100 Jahren und damit auch das Wissen um diese über 2500 Jahre alte Kunstform. Heute, zu Beginn des 21. Jahrhunderts, wird sie in den verschiedensten Medien häufiger thematisiert als jemals zuvor. Als Kunstform hat sie die Zeit also gut überstanden und immer wieder neue Liebhaber finden können. Vielen gefällt einfach ihr dekorativer Charakter: Auch bei flüchtiger Betrachtung schmeicheln die attraktiven, fast hypnotisch wirkenden verflochtenen Muster dem Auge. Andere wiederum interessieren sich mehr für die historischen Wurzeln und deren Verbindungen zur Geschichte der Kelten.

Früheste Quellen

Die Mitteleuropäer, von den Griechen als »Keltoi« bezeichnet, hätten sicher nicht gedacht, dass ihnen und ihrer Lebensweise nach Tausenden von Jahren noch so viel Aufmerksamkeit zuteil wird. Zu den wichtigsten keltischen Ritualen zählten Grabbeigaben und das Versenken von Opfergeschenken für die Götter in Flüssen und Seen. So haben die frühzeitlichen Kelten dazu beigetragen, dass viele Gegenstände, wie Schwerter, Schwertscheiden, Äxte, Speerspitzen, Helme, Ringe, Broschen, Spiegel, Krüge, Trinkgefäße, Eimer, Keramik, Tier- und Menschenfiguren, bis zu ihrer Wiederentdeckung Jahrhunderte später sicher aufbewahrt wurden. Die oft kunstvoll verzierten Objekte liefern nicht nur die besten Hinweise auf das Leben der frühen Kelten, sondern repräsentieren auch einen Großteil der heute bekannten Beispiele frühkeltischer Kunst.

Die zwei frühesten Perioden der keltischen Geschichte wurden nach den Fundorten solcher Objekte benannt: die erste, die Hallstattperiode, nach der Grabstätte einer österreichischen Siedlung, in der im 8. Jahrhundert v. Chr. Salz abgebaut wurde; die zweite - Latène - nach einem Ort am Neuenburger See in der Schweiz, in dessen Tiefen viele dieser Objekte gefunden wurden. Diese Periode beginnt um 500 v. Chr. und markiert sowohl das erste Auftreten eigenständiger keltischer Kunst als auch den Zeitpunkt, zu dem die klassischen Griechen und Römer erstmals auf ihre keltischen Nachbarn aufmerksam wurden.

Griechen und Römer beschrieben die Kelten als fremdartig und bedrohlich. Sie hielten keltische Krieger für »Barbaren« und wussten nur wenig über deren Denk- und Lebensweisen. Ihre Berichte gewähren nur flüchtige, bruchstückhafte Einblicke in das wirkliche Leben der Kelten.

Für die Griechen waren ohnehin alle nördlichen Völker barbarische »Keltoi«, sie fassten also Hunderte von Volksstämmen unter einem einzigen, undifferenzierten Sammelbegriff zusammen.

Schrifttum und Kultureinflüsse

Die frühzeitlichen Kelten selbst haben keine schriftlichen Aufzeichnungen hinterlassen. Ihre Traditionen wurden nur mündlich überliefert. Erst im 6. Jahrhundert n. Chr., kurz nach ihrer Bekehrung zum Christentum, fingen sie an, Schriften zu verfassen: überwiegend zum Wort Gottes, aber auch einige Aufzeichnungen mündlicher Überlieferungen. Sie geben einen aufschlussreichen Einblick in die damalige Mythologie, können jedoch nicht als historisch genaue Zeitdokumente betrachtet werden. Die Kelten standen also an der Schwelle der Geschichtsschreibung. Ihre Wurzeln reichen weit in unbekannte und unbeschriebene, prähistorische Zeiten zurück. Erst durch die Überlieferungen schriftkundiger Nachfahren konnte ihre Kultur wirklich Gestalt annehmen.

Ein Jahrtausend später, in der Blütezeit der irischen Klöster, avancierte das keltische Christentum zum führenden westeuropäischen Wissenszentrum. Pilger strömten nach Irland, während gleichzeitig religiöse Führer die Insel verließen, um die christliche Botschaft zu verbreiten und neue Klöster zu gründen.

Im Gegensatz zur klassischen ist die keltische Kunst nicht narrativ, große Historienbilder wurden nie geschaffen. Trotzdem ist sie sehr aufschlussreich. Frühzeitliche keltische Kunst vereint griechische, etruskische und orientalische Elemente, die nur über Handelsrouten eingeflossen sein konnten. So fanden z. B. Weingefäße aus dem Mittelmeerraum ihren Weg ins nördliche Europa. Die sehr kunstvoll gearbeiteten Grabbeigaben und Opfergeschenke ohne jede praktische Verwendung lassen außerdem auf ein wohlhabendes Volk schließen.

Es gelang den Kelten sogar, das gerade erblühende Rom und den griechischen Tempel von Delphi zu erobern. Sie wurden von dort allerdings wieder verdrängt, denn das Römische Reich konnte seine Vormachtstellung in großen Teilen Europas im Verlauf von Jahrhunderten ausbauen. England und Irland – die so genannten insularen Kelten – wurden zum Mittelpunkt der keltischen Kultur. Die insulare Latène-Kunst lebte in Südengland noch bis ins 1. Jahrhundert n. Chr. fort, bis sie auch dort von der römischen Besatzung zurückgedrängt, aber nicht völlig ausgelöscht wurde. Nur in Irland, das nie unter römischer Kontrolle stand, konnten keltische Traditionen noch mehrere Jahrhunderte lang ungehindert und unbeeinflusst weiterbestehen.

Die nachrömische Geschichte

Nach dem Ende des Römischen Reichs beeinflussten vor allem das Christentum und die Angelsachsen die keltische Kunst. Man vermutet, dass die Knotenbänder z. B. von koptischen Manuskripten inspiriert waren. Die verflochtenen Tierwesen

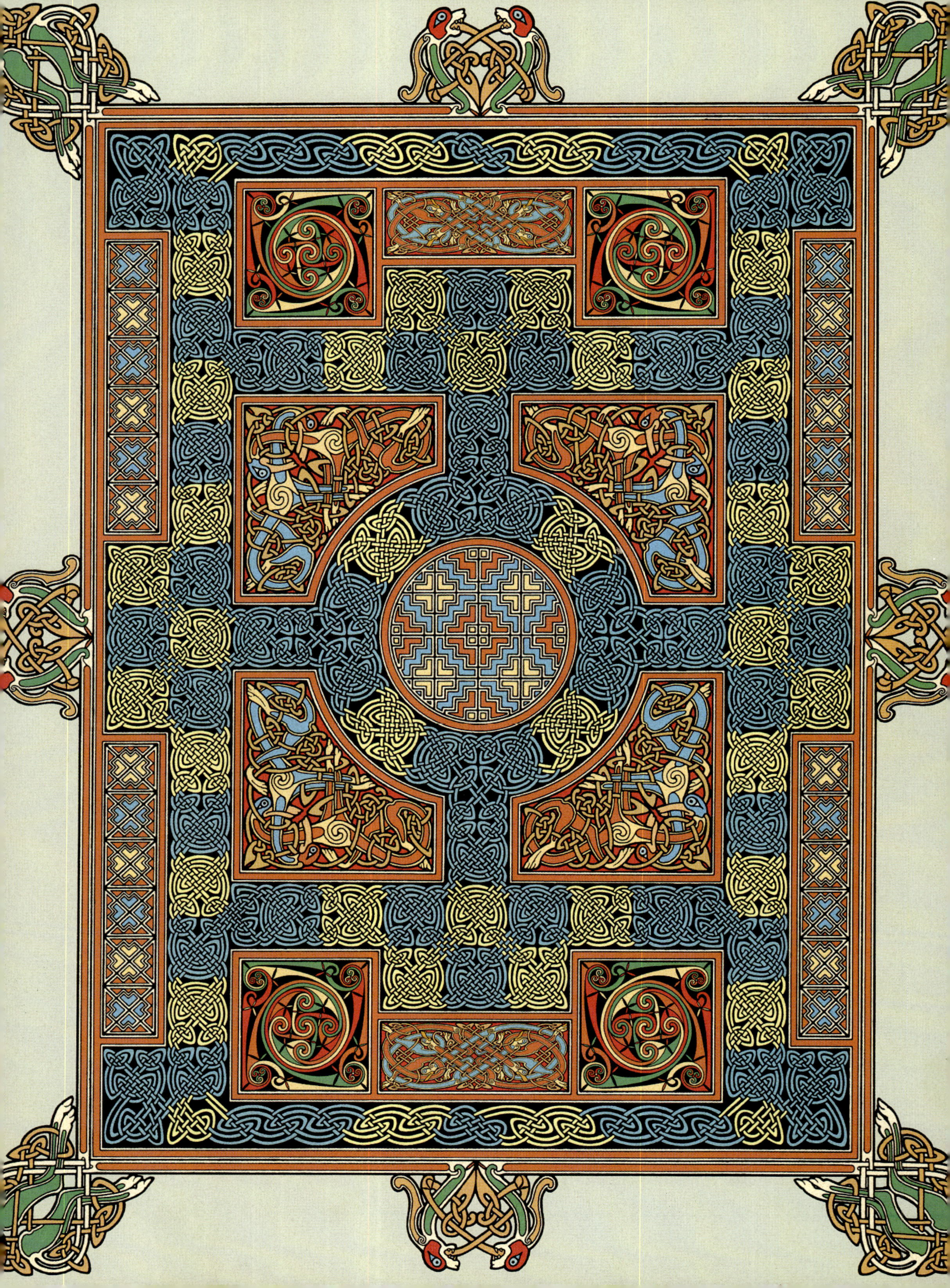

wiederum entstammen der germanischen Kunst, während die angelsächsische Grabstätte von Sutton Hoo in Ostengland Fundstücke enthielt, die auf einen regen Kulturaustausch zwischen Angelsachsen und Kelten schließen lassen.

Diese neuen Stilrichtungen flossen in die handschriftlichen Überlieferungen der Britischen Inseln ein und verschmolzen mit der Latène-Form des keltischen Designs, die in Irland überlebt hatte. In den Illustrationen der Evangelien finden sich sogar narrative Elemente, die mit der vormals rein dekorativen Tradition brechen. Die berühmtesten erhaltenen Handschriften sind das *Book of Kells* und die *Lindisfarne Gospels*, sakrale Kunstwerke, die wahrscheinlich zeremoniellen Zwecken dienten und eine schier unglaubliche Fülle an keltischen Motiven, Mustern und Zeichnungen enthalten. Tausende feine Linien überziehen die Seiten, deren Details mit dem bloßen Auge oft kaum zu erkennen sind. Die Bücher bescheinigen die Hingabe und Kunstfertigkeit ihrer Schöpfer, deren Wissensstand und zeichnerisches Niveau auf der Höhe der damaligen Zeit standen. Auch heute noch wirken die Handschriften erhaben und bewegend.

Die Kelten des 5. Jahrhunderts v. Chr. haben ihre Kunstfertigkeit mit fremden Einflüssen angereichert und so eine ganz eigene Kunstform erschaffen. Die christlichen Kelten von den Britischen Inseln, der irischen Handschriftentradition verhaftet, wiederholten dies ein Jahrtausend später mit spektakulärem Erfolg. Der Stil, der heutzutage weithin als die keltische Kunst schlechthin betrachtet wird, war geboren, und er hat bis zum heutigen Tag nichts von seiner großen Beliebtheit eingebüßt.

Die Seiten 6-9 zeigen zeitgenössische Interpretationen des keltischen Stils in moderner und traditioneller Farbgebung. Auf der gegenüberliegende Seite ein Design, das auf einer Kreuzteppich-Seite der *Lindisfarne Gospels* basiert.

Über dieses Buch

Es gibt unzählige kunsthandwerkliche Anwendungsmöglichkeiten für keltische Motive. Dieses Buch enthält eine breite Auswahl von Schablonen unterschiedlicher Schwierigkeitsgrade, die jedem Bastler, vom Anfänger bis zum geübten Kunsthandwerker, etwas zu bieten haben. Viele der hier präsentierten Motive entstammen zwei herrlichen illuminierten Handschriften, dem *Book of Kells* und den *Lindisfarne Gospels*. Soweit möglich, wurden die historischen Quellen der Schablonen im Begleittext des Bildteils angegeben. Allerdings sind nur wenige Motive exakte Reproduktionen historischer Originale, sondern in der Mehrzahl Details komplexer Bilder, die zur leichteren Verarbeitung vereinfacht wurden. Aus demselben Grund werden alle Schablonen als einfache Darstellungen mit klarer Linienführung wiedergegeben. Manche halten sich enger an historische Vorlagen, andere repräsentieren mehr zeitgenössische Interpretationen im keltischen Stil.

Wie man dieses Buch verwenden sollte

Dieser Band richtet sich an alle Bastler und Kunsthandwerker, die mit keltischen Elementen arbeiten, die Motive jedoch nicht mühevoll von Grund auf selbst entwerfen wollen. Das umfangreiche, thematisch geordnete Verzeichnis keltischer Motive enthält einfache Spiralen, Knoten, Tierwesen, Buchstaben im keltischen Stil, figurative Heilige und Engel sowie die fließenden Muster des Lebensbaums in gebrauchsfertiger Form. Sie brauchen nur noch kopiert und auf den gewünschten Werkstoff übertragen zu werden.

Der erste Teil gibt nützliche Tipps zur Motivauswahl und -übertragung auf eine ganze Reihe beliebter Werkstoffe: Glas, Spiegel, Papier, Karton und Stoff. Auf den Seiten 18–25 finden sich Tipps für Fortgeschrittene, die Schablonen vereinfachen oder ausschmücken, kombinieren und anpassen, Zierrahmen verwenden und mit Farbe arbeiten wollen. In der Projektgalerie (Seiten 26–29) finden Sie zahlreiche fertige Bastelobjekte mit praktischen Ratschlägen zur Herstellung und viele Ideen und Inspirationen für wirkungsvolle Anwendungsmöglichkeiten.

Farbe

Unsere heutige Farbpalette ist viel umfangreicher als die der keltischen Kunsthandwerker. Sie können sich also entweder an die Farbtraditionen halten oder neue Farbkombinationen ausprobieren (siehe Seiten 24–25). In der Projektgalerie finden Sie zahlreiche Beispiele für die effektvolle Verarbeitung keltischer Stilelemente, die Ihnen viele Ideen und Inspirationen liefern können.

Ideen

Glasmalerei Die fließende Linienführung keltischer Motive eignet sich für alle Techniken mit betonter Umrandung, wie bei der Glasmalerei, bei der die Farbe zwischen erhabenen Konturen fließt.

Gemälde Figuren wie Heilige und Engel können als Gemälde gerahmt oder direkt auf Holzmöbel, Metallwaren und Keramik gemalt werden.

Stempeldruck Einfache Motive wie Knoten und Latène-Designs, können aus feinem Schaumstoff ausgeschnitten und auf verschiedene Oberflächen, z. B. selbst gebastelte Karten, gedruckt werden.

Schablonenmalerei Viele Motive eignen sich als Schablonengrundlage für die verschiedensten Materialien, für Wände und Möbel. Damit die Schablone nicht auseinander fällt, sollte man kleine »Stege« stehen lassen.

Scherenschnitt Keltische Motive eignen sich auch wunderbar für Scherenschnitte, und selbst detailierte Motive können mit Füller oder Buntstift weiter verfeinert und ausgemalt werden. Der fertige Scherenschnitt sollte beidseitig mit Schellack-Grundierung versiegelt, dann mit (weißem) Holzleim auf die gewünschte Oberfläche geklebt und schließlich mindestens fünfmal lackiert werden.

Mosaik Auch Mosaike eignen sich bestens für keltische Motive, ob nach historischen Vorlagen oder zeitgenössisch gestaltet. Große Flächen werden mit ganzen Mosaiksteinen gefüllt, Umrisslinien mit kleineren Bruchstücken.

Drahtarbeiten Formen Sie Motive aus Draht, z. B. für Mobiles und Windspiele. Am besten wirken Spiralmotive.

Kerzen Zur Dekoration einfacher Kerzen verwendet man am besten Applizierwachs (eine dünne Wachsschicht auf Papier). Mit einem Schablonenmesser die Motive ausschneiden, das Papier abziehen und sanft auf die Kerze drücken.

Stoffmalerei Fast alle Stoffe, auch Seide, eignen sich für die Stoffmalerei. Inzwischen wird auch gerne die Technik angewandt, ein Motiv auf Inkjet-Transferpapier auszudrucken, um es dann einfach auf Kleidungsstücke oder Dekostoffe aufzubügeln.

Stepparbeiten Keltische Motive waren schon immer beliebte Steppmuster. Besonders wirkungsvoll sind Knoten und Spiralen. Bordüren mit keltischen Mustern verleihen einfachen Tagesdecken eine besondere Note.

Applikation Weil viele Schablonen sehr klare Konturen aufweisen, eignen sie sich ideal für Stoffapplikationen von Hand oder mit der Nähmaschine.

Übertragung der Motive

Je nach der Oberflächenbeschaffenheit des gewünschten Materials gibt es unterschiedliche Techniken, um die Motive auf den Werkstoff zu übertragen. Auf den folgenden Seiten finden Sie Tipps für die gängigsten kunsthandwerklichen Materialen sowie für die Vergrößerung oder Verkleinerung der Motive.

Vergrößern und Verkleinern

Oft muss man das gewählte Motiv erst auf die passende Größe bringen (beachten Sie bitte auf Seite 18 die Hinweise, wie Ihre Ausgangszeichnung aussehen sollte). Grundsätzlich gibt es drei verschiedene Methoden:

Mit dem Fotokopierer

Mit einem Fotokopierer können Sie ihre Motive schnell und akkurat verkleinern oder vergrößern. Zur Berechnung der prozentualen Größenveränderung misst man die Breite der gewünschten Endversion, in diesem Fall 90 mm, dann die Breite des Originalmotivs, in diesem Fall 42 mm. Wenn man die erste Messung durch die zweite teilt, erhält man die prozentuale Größenveränderung, die hier 214% beträgt. Eine Vergrößerung beträgt immer über, eine Verkleinerung immer unter 100%.

Wenn auf Pauspapier fotokopiert wird, sollte dieses mindestens 90 g/qm schwer sein. Wenn Sie eine Pauspapierzeichnung fotokopieren möchten, sollten Sie sie mit einem weißen Blatt Papier abdecken, um eine klare, scharfe Kopie zu erhalten.

Mit einem Gitternetz

Steht kein Fotokopierer zur Verfügung, kann man die Motive auch mit einem Gitternetz vergrößern oder verkleinern. Zuerst befestigt man ein Stück Pauspapier mit ablösbaren Klebestreifen auf dem gewählten Motiv. Umranden Sie das durchscheinende Motiv mit einem Quadrat oder Rechteck (siehe unten), das anschließend in gleichmäßige, horizontale und vertikale Kästchenreihen aufgeteilt wird. Die Abstände richten sich nach der Detailfülle und Größe des Originals. Für komplizierte Muster empfiehlt sich eine Kästchengröße von 1 cm, bei einfacheren Motiven können die Kästchen größer sein.

Zeichnen Sie als nächstes ein proportionales Quadrat oder Rechteck in der beabsichtigten Endgröße und versehen Sie es ebenfalls mit einem Gitternetz (siehe unten). Jetzt können Sie die Zeichnung kästchenweise kopieren.

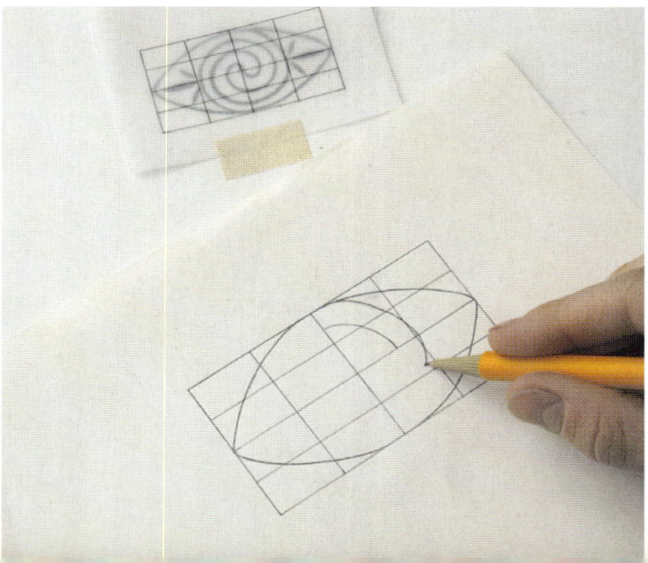

Verschiedene Werkstoffe

Übertragung auf Papier, Karton, Holz, Schaumstoff und Folie

Bei der Übertragung auf dünne Materialien (z. B. Stoff, Papier, dünner Karton) empfiehlt es sich, einen behelfsmäßigen Leuchtkasten aus Haushaltsgegenständen zu bauen. Legen Sie eine transparente Plastikscheibe über zwei Bücherstapel oder Möbelstücke und stellen Sie eine Schreibtischlampe so darunter, dass sie die Scheibe durchleuchtet. Legen Sie dann die Zeichnung des Motivs auf die Scheibe und darüber das gewünschte Material, durch das das Motiv nun hindurchscheint.

Für dickere Materialien sollte man eine Vorzeichnung auf Pauspapier anfertigen und die Linien auf der Rückseite mit einem weichen Bleistift nachziehen. Dann die Vorzeichnung richtig herum mit Klebeband auf der gewünschten Oberfläche befestigen und die Linien vorsichtig nachziehen, ohne die Oberfläche des jeweiligen Materials zu beschädigen.

Um Folie zu prägen, befestigt man das Pauspapier mit der Vorzeichnung auf der Folie und legt das Ganze auf Küchenkrepp. Dann mit einem alten Kugelschreiber die Linien mit Druck nachziehen und so in die Folie einprägen. Wenn man diese Technik auf der Rückseite der Folie anwendet, werden die Linien erhaben.

Mit einem Scanner

Sie können die Größe Ihrer Motive auch mit Hilfe eines Scanners verändern. Entweder indem Sie das eingescannte Bild mit einer Bildbearbeitungssoftware vergrößern oder verkleinern, oder indem Sie die Größe einfach beim Ausdrucken prozentual verändern. Wenn die gewünschte Endgröße das Papierformat des Druckers überschreitet, kann man die Zeichnung in der Regel auch auf mehrere Ausdrucke verteilen, die man von Hand wieder zusammensetzt.

Mit einer Bildbearbeitungssoftware können Sie zusätzlich die Originalproportionen strecken oder stauchen. Sobald der gewünschte Effekt erzielt ist, kann man das Bild speichern und jederzeit wiederverwenden.

Übertragung auf Spiegel und Keramik

Man zeichnet das Motiv auf Pauspapier, dreht es um und zieht die Linien auf der Rückseite mit einem fetthaltigen Stift nach. Die fetthaltigen Pigmente haften gut auf glatten Oberflächen, sind also ideal für die Übertragung auf Glas, Spiegel und Keramik. Die Stifte werden schnell stumpf, doch die dickeren Linien übertragen sich nicht auf das spätere Motiv. Die Vorzeichnung schließlich richtig herum mit Klebestreifen auf der gewünschten Oberfläche befestigen und die Linien mit einem spitzen Bleistift nachziehen.

Übertragung auf Glas oder Acetat

Das Motiv großzügig ausschneiden und mit Klebeband auf der Unterseite von Glas oder Acetat befestigen. Glasobjekte sollte man dabei auf eine weiche Unterlage (z. B. Küchenkrepp) legen, damit sie nicht herumrollen oder zerbrechen. Das Motiv kann nun einfach mit Farbe oder mit einem Glasmalstift nachgezogen werden.

Wenn man das Motiv auf undurchsichtiges Glas oder z. B. auf Flaschen aufbringen will, an deren Innenseite die Zeichnung nicht angeklebt werden kann, gehen Sie einfach so vor, wie für Spiegel und Keramik beschrieben (Seite 13).

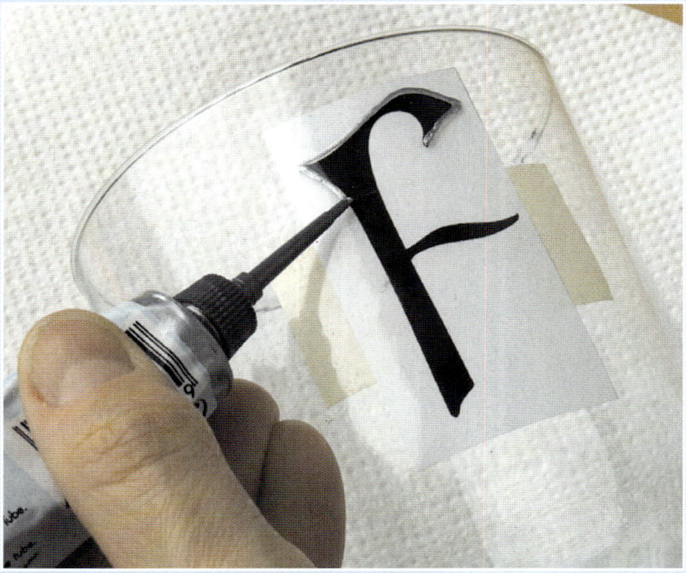

Schablonen für Objekte mit geraden Seiten

Zur Übertragung fortlaufender Motive (z. B. Bordüren) auf Behälter mit geraden Seitenwänden muss zuerst eine Schablone des Behälters erstellt werden. Legen Sie ein Stück Pauspapier einmal eng um das Objekt und befestigen Sie es mit Klebeband. Markieren Sie nun auf dem Papier die Außenränder des Objekts und die Überlappungspunkte (bei Krügen, Tassen und Bechern den Henkel) mit einem Bleistift. Nehmen Sie das Papier wieder ab und verbinden Sie es ggf. an der Überlappungsmarkierung.

Übertragung auf bauchige Objekte

Zur Übertragung auf bauchige Objekte muss die Schablone speziell vorbereitet werden. Man paust das Motiv ab und zieht die Linien auf der Rückseite nach (für glatte Oberflächen mit fetthaltigem Stift). Dann schneidet man das Papier mehrmals vom Rand bis zur Mitte ein. Je nachdem, ob das Objekt konvex oder konkav ist, wird sich das Motiv an den Schnittstellen leicht spreizen oder überlappen. Fixieren Sie das Motiv mit ablösbarem Klebeband und übertragen Sie es (Seite 13).

Jetzt können Sie die Breite und Position des Zierbandes ausmessen und übertragen; dann die Schablone ausschneiden und zur Prüfung der Passform noch einmal um den Behälter legen. Auf Seite 22 wird beschrieben, wie man die Länge des Zierbandes anpassen kann.

Schablonen für Teller

1 Schneiden Sie ein quadratisches Stück Pauspapier, dessen Seitenlängen etwas größer sind als der Durchmesser des Tellers, an einer Seite bis zur Mitte ein. Dann mittig auf den Teller legen und eine der Schnittkanten mit Klebeband befestigen. Damit das Papier flach aufliegt, schneidet man in der Mitte einen groben Kreis heraus. Das Papier nun in der richtigen Position auf den Tellerrand legen, die zweite Schnittkante befestigen und die Überlappung markieren.

2 Den Teller umdrehen und den Außenrand nachziehen. Das Papier abnehmen, die Breite des Tellerrands messen und in Abständen auf dem Papier markieren. Schließlich die Markierungen zu einem zweiten Kreis verbinden.

Übertragung auf Stoff

Bei hellen oder leichten Stoffen kann man das Motiv oft direkt abpausen. Bei schwereren und dunkleren Stoffen sollten Sie den auf Seite 13 beschriebenen behelfsmäßigen Leuchtkasten verwenden, bei dem das Motiv unter den Stoff gelegt und von unten beleuchtet wird. Das Licht der Lampe lässt das Motiv durch den Stoff hindurchscheinen, sodass Sie es auf den Stoff übertragen können.

Alternativ können Sie auch ein Stück Schneiderkopierpapier auf den Stoff legen und das Motiv darauf mit Klebeband befestigen. Jetzt kann man die Zeichnung einfach mit einem Bleistift durchpausen.

Übertragung auf Strickmusterpapier

Man sollte spezielles Strickmusterpapier benutzen, da Strickmaschen etwas breiter als hoch sind. Das Motiv kann direkt auf dieses Papier übertragen werden (siehe Seite 13), wobei jedes Kästchen einer Masche entspricht. Vergewissern Sie sich vorher, dass die Anzahl der Maschen die gewünschte Größe Ihres Motivs ergibt. Die Kästchen auf dem Papier können entsprechend dem Design mit Buntstiften ausgemalt werden.

Stricken Sie die einzelnen Maschen exakt nach Ihrem Muster. Für die eine Reihe lesen Sie die Vorlage von rechts nach links, für die nächste Reihe umgekehrt. Man kann das Motiv natürlich auch mit Maschenstich auf fertige Strickwaren aufsticken. Auch hier entspricht jedes Kästchen einem Stich.

Übertragung auf Kreuzstichstoffe und Gobelinstramin

Bei Kreuzstichstoffen und Gobelinstramin kann man entweder eine separate Mustervorlage anfertigen und nach dieser arbeiten. Oder Sie pausen das Motiv direkt auf den Stoff und sticken dann darüber.

Separate Mustervorlage

Übertragen Sie das Muster auf das Kästchenpapier (siehe Seite 13). Jedes Kästchen entspricht dabei einer Netzmasche oder einem Kreuzstich. Vergewissern Sie sich vorher, dass die Anzahl der Maschen oder Stiche die gewünschte Größe Ihres Motivs ergibt. Die Kästchen auf dem Papier können entsprechend dem Design mit Buntstiften ausgemalt werden.

Direkte Übertragung auf Gobelinstramin oder Stoff

Bei grob gewebten oder hellen Materialien kann man das Motiv natürlich direkt durchpausen. Zuerst markiert man die Mitte der Vorzeichnung und die des Stoffes und legt dann die beiden Markierungen übereinander (evtl. mit Hilfe des behelfsmäßigen Leuchtkastens auf Seite 13). Erst dann aneinander befestigen und die Linien mit einem wasserfesten Stift nachziehen. Bei schwereren oder undurchsichtigen Stoffen wird das Motiv mit Schneiderkopierpapier übertragen (siehe Seite 16).

Das übertragene Muster kann jetzt mit Buntstiften koloriert werden. Entlang der Konturen kann man später Halbstiche ausführen. Zur leichteren Orientierung ein Koordinatenkreuz auf den Stoff aufbringen, mit losen Stichen markieren (siehe Abbildung) und sich dann systematisch von der Mitte aus durch jeden Quadranten vorarbeiten.

Modifizieren und Ausschmücken

Die in diesem Buch verwendeten Motive werden, je nachdem auf welches Material und in welcher Größe sie übertragen werden sollen, modifiziert. Die keltischen Originalformen in den illuminierten Handschriften sind sehr detailliert und kompliziert. Um Schablonen herstellen zu können, mussten viele der daraus entnommenen Motive vereinfacht werden. Es gibt jedoch verschiedene Möglichkeiten, die Motive auszuschmücken und zu verändern.

Verschiedene Konturen

Durch gefüllte Umrisslinien oder breitere Konturen kann man die Motive an verschiedene Werkstoffe anpassen oder ihr Aussehen verändern. Manchmal muss man auch das Muster vereinfachen. Die Größe Ihres Objekts ist ausschlaggebend dafür, wie dick die Umrisslinien sein sollten. Sie können das Motiv auch negativ – also mit umgekehrten Tonwerten – darstellen. Hier einige Beispiele anhand eines einfachen Knotenmotivs (von Seite 33).

Einfaches Knotenmotiv. Die Stärke der Konturen ist ideal für viele Techniken und eignet sich gut für Vergrößerungen und Verkleinerungen.

Für manche Werkstoffe, z. B. Glas, benötigen Sie breitere Umrisslinien. Verstärken Sie dann einfach die Konturen.

Man kann das Motiv auch mit Hintergrundfarben ausmalen, um dramatische Kontraste oder einen Ton-in-Ton-Effekt zu erzielen.

Der einfache, unkomplizierte Charakter dieses Motivs eignet sich gut zur Herstellung von Schablonen für die verschiedensten Zwecke.

1.Das Grundmuster

2. Parallellinien verstärken den »Verflechtungseffekt«.

3. Ein komplizierteres Muster entsteht, wenn man die Parallellinien miteinander verwebt.

Parallellinien

Knotenmuster lassen sich ganz einfach durch zusätzliche Parallellinien verzieren. Sie folgen den Konturen und verstärken dadurch den Verflechtungseffekt. Schon eine einzelne Parallellinie in der Bandmitte kann den optischen Reiz des Motivs deutlich erhöhen.

Hier werden die Parallellinien zusätzlich miteinander verwoben, sodass mehrere Bänder entstehen. Weil sich dadurch die Anzahl der Knoten erhöht, wirken auch die einfachsten Muster sehr aufwändig.

Beide Methoden lassen sich auch auf Tiermotive anwenden. Bei den Spiralen (Seite 84) kann man natürlich nur Parallellinien einzeichnen.

Punkte

Mit dieser einfachen Technik lässt sich die Ausdruckskraft aller keltischen Motive unterstreichen. Der Unterschied wird deutlich, wenn man das verzierte Motiv (rechts) mit der Originalschablone auf Seite 62 vergleicht. In keltischen Manuskripten wurden oft rot bemalte Punkte aus Blei verwendet, um Bilder, Buchstaben oder Zierrahmen zu umranden. Manchmal werden ganze Knoten oder Tierwesen nur mit Punkten dargestellt, oder die Punkte bilden den Hintergrund für Bilder oder Initialen. Eine Seite der *Lindisfarne Gospels* ist mit über 10 000 dieser Punkte geschmückt.

Variationen

Wiederholung und Symmetrie

Wie die Kreuzteppiche in den *Lindisfarne Gospels* zeigen, sind Wiederholung und Symmetrie wichtige Stilelemente der keltischen Kunst. Zierrahmen aus einfachen Knoten beispielsweise erhalten ihre optische Wirkung ausschließlich dadurch. Schon wenige Wiederholungen eines Motivs steigern dessen Attraktivität. Das rechts abgebildete Motiv von Seite 68 ist einfach die vierfache Wiederholung eines Hundes, wodurch in der Mitte eine Sternform entsteht. Nur ein Quadrant wird genau vorgezeichnet und dann einfach viermal verwendet (siehe Seiten 22–23).

Oft werden einfache Motive gespiegelt. Dabei kehrt sich die Verflechtung der Bänder um: Wenn sie auf der einen Seite oben liegen, liegen sie auf der anderen Seite unten. Das Vogelmotiv (gegenüber, ganz rechts) zeigt ein einfaches Beispiel dieser Spiegelung.

Die Motive werden gegen Ende der Kapitel immer komplexer (außer beim Alphabet) und zeigen viele Beispiele dafür, wie die Ausdruckskraft einfacher Motive durch Wiederholung und Symmetrie gesteigert werden kann.

Links: Zwei Beispiele für Wiederholungen desselben Dreiecksmotivs (Seite 77, oben). Oben wird es zweimal wiederholt, unten viermal.

Motive kombinieren

Durch die Kombination verschiedener Motive entstehen völlig neue Designs. Alle runden Motive können z. B. mit Zierrahmen versehen werden. Auf der unten abgebildeten Zeichnung wurde diese Idee noch weiter fortgeführt: Der Knoten von Seite 50 wird zu einem runden Zierrahmen vervielfacht, wie auf Seite 23 beschrieben, und mit den beiden Kreuzstreifen verbunden. Am schwierigsten ist es, einen fließenden Übergang zwischen den Streifen und dem Zierrahmen zu schaffen, was bei diesem einfachen Knoten noch leichter ist als bei komplexeren Ausgangsmotiven. Der wiederholte Quadrant entstammt Seite 74.

Oben: Eine Kombination des Zierrahmens von Seite 23 mit einem Motiv von Seite 66.

Formveränderungen

Für bestimmte Zwecke kann man auch die Form eines Motivs verändern, am einfachsten durch Strecken oder Stauchen. Leichte Änderungen fallen kaum auf, aber bei größeren Veränderungen wird das Motiv verzerrt und muss komplett neu gezeichnet werden, damit die Kurven und Formen harmonisieren.

Links: Kombinationen mehrerer Motive können sehr wirkungsvoll sein und ganz neue, komplexe Bilder entstehen lassen.

Rechts: Das Vogelmotiv oben rechts wurde vereinfacht und vertikal gestreckt, was ihm ein komplett anderes Aussehen verleiht.

Zierrahmenmotive

Zierleisten und -bänder entstehen aus wiederholten Motiven oder Motivblöcken. Bei einfachen Knotenbändern muss man nur die gewünschte Anzahl der Teilstücke verbinden und mit den auf den Seiten 50–57 gezeigten Endstücken versehen. Auch wenn in den Arbeitsbeispielen Knoten verwendet werden, eignen sich Tierabbildungen ebenso. Für die Herstellung von Zierleisten braucht man etwas geometrisches Grundverständnis, einen Zirkel und ein Lineal.

Dieser einfache Rahmen basiert auf den beiden abgebildeten Motiven und dem unten erklärten Grundriss, dessen Prinzip auf alle Rahmenmotive in diesem Buch anwendbar ist.

Rechteckige Zierrahmen

Um einen Rahmen in einer bestimmten Größe herzustellen, muss man zunächst ausprobieren, welches Knotenmuster am besten passt und wie viele Wiederholungen man braucht. Der wichtigste Faktor ist das Verhältnis von Knotenlänge (x) zu -breite (y) (siehe Illustrationen). In diesem Fall beträgt das Verhältnis 1,5 – andere Knoten haben natürlich unterschiedliche Proportionen.

In diesem Arbeitsbeispiel wird ein Rahmen mit einer Zierleiste dekoriert, die Innenmaße sind bekannt.

1 Die Querseite der Innenkante wird in drei Knotenblöcke aufgeteilt. So erhält man die Knotenlänge x, die man durch 1,5 teilen muss, um y zu erhalten.

2 Zur Skalierung des Knotenmusters befolgt man die Schritte a–d (unten). Dann das Motiv in die einzelnen Rahmenblöcke übertragen und die Eckmotive aus diesem Buch hinzufügen.

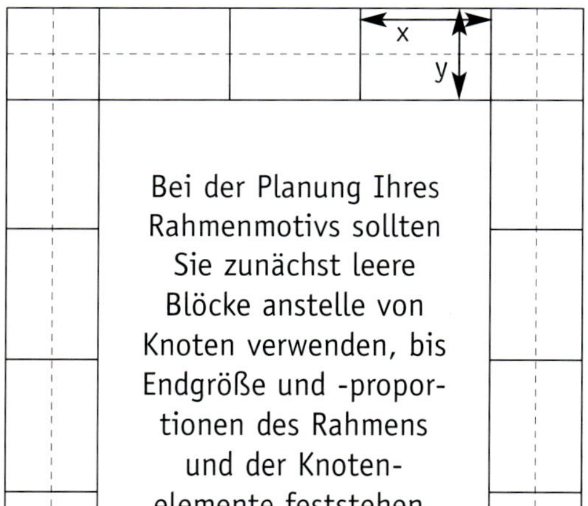

Bei der Planung Ihres Rahmenmotivs sollten Sie zunächst leere Blöcke anstelle von Knoten verwenden, bis Endgröße und -proportionen des Rahmens und der Knotenelemente feststehen.

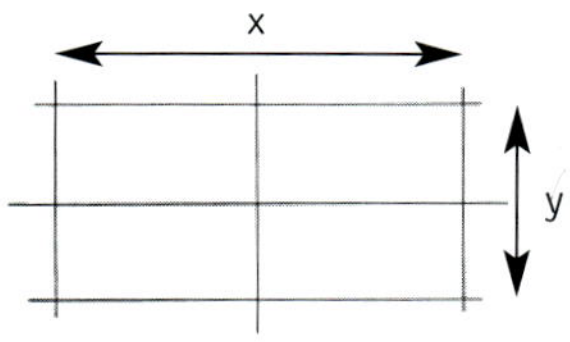

a Sobald die Proportionen des Knotenelements feststehen, umranden Sie das ganze Segment und teilen es in vier Rechtecke auf.

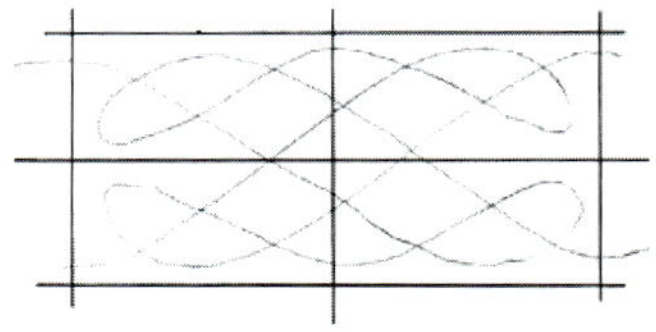

b Die ungefähre Form des Knotens in den Segmenten leicht vorzeichnen.

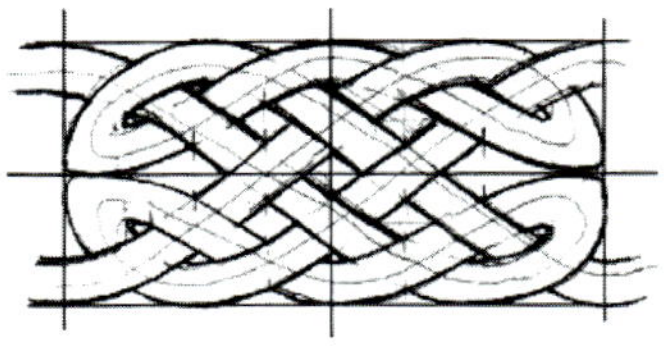

c Den Knoten in der Reihenfolge der Überlappungen einzeichnen und dann die Konturen so symmetrisch wie möglich gestalten. Kleine Hilfslinien helfen bei diesem Schritt.

d Das Muster sorgfältig übertragen und darauf achten, dass der Eindruck eines fortlaufenden Bandes entsteht.

Muster auf die richtige Größe strecken

Der Rahmen im obigen Arbeitsbeispiel war genau vier Blöcke hoch. Manchmal passen die Knoten nicht so genau und müssen durch Änderung des Verhältnisses von x zu y gestreckt werden, allerdings nicht zu stark, da das Muster sonst verzerrt wirkt. Man sollte verschiedene Muster ausprobieren, um die richtige Passgröße zu finden – was mit ein bisschen Übung leichter wird.

Runde Zierrahmen

Die Grundprinzipien rechteckiger Rahmen können auch auf runde, elliptische oder unregelmäßig gerundete Formen angewendet werden. Da man hier keine Eckstücke braucht, ist das Ganze sogar einfacher. Man befolgt einfach die beiden Hauptschritte aus der Konstruktionsanleitung für rechteckige Rahmen. Auch hier kann das Knotenmuster durch leere Blöcke dargestellt werden, bis die Endgröße, in diesem Fall zwölf Wiederholungen, feststeht.

1 Zuerst wird die mittlere Kreislinie des Rahmens gezeichnet (gestrichelte Linie).

2 Dann den Kreis in zwölf Segmente von jeweils 30° einteilen (12 x 30 = 360). Die Anzahl der Wiederholungen bestimmt auch die Rahmenbreite: je größer ihre Zahl, desto dünner der Rahmen.

3 Die Länge der mittleren Kreislinie zwischen zwei Schnittpunkten entspricht der Länge des Knotenmusters. Anhand der Proportionen des Knotens kann dann die Rahmenbreite berechnet werden. In diesem einfachen Beispiel muss die Länge (x) durch 1,5 geteilt werden, um die Breite (y) zu erhalten. Jetzt können die Außenkanten des Rahmens gezeichnet werden.

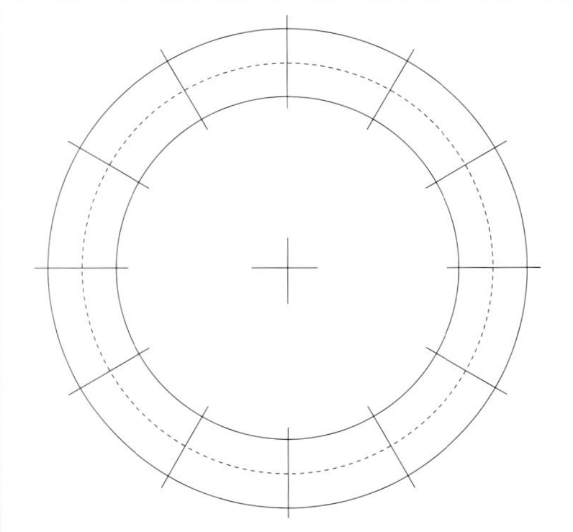

4 Sie können auch ein gerundetes Teilstück entsprechend den auf der gegenüberliegenden Seite beschriebenen Arbeitsschritten akkurat zeichnen, am besten auf einem zweiten Bogen Papier. Diesen legen Sie dann unter den Entwurf für den ganzen Kreis, um das Segment durchzupausen.

5 Wiederholen Sie diesen Schritt, bis die Schablone fertig ist. Mit ihrer Hilfe lässt sich das Motiv auf den gewünschten Werkstoff übertragen (siehe Seiten 12–17).

Grundsätzlich sollten Sie – egal ob bei runden oder rechteckigen Zierleisten – auf jeden Fall das Layout genau berechnen, bevor Sie mit dem Zeichnen des Knotens beginnen. Man spart sich viel Arbeit, wenn man nur ein Teilstück durchkonstruiert und dieses dann immer wieder abpaust.

Layout am Computer

Mit Computer, Scanner und Drucker lassen sich Zierrahmen sehr leicht konstruieren. Sobald das Layout mit den leeren Blöcken feststeht, kann man ein Knotensegment zeichnen und einscannen. Mit ›kopieren‹ und ›einfügen‹ stellt man dann den Rahmen fertig. Das fertige Motiv kann einfach durch Vergrößern, Verkleinern oder Strecken an den Werkstoff angepasst und ausgedruckt werden.

Farbgestaltung

Den frühzeitlichen Kelten stand nur eine begrenzte Farbpalette zur Verfügung. Farbpigmente waren äußerst schwer zu beschaffen. In den *Lindisfarne Gosples* z. B. wurde auch das exotische Pigment Lapislazuli verwendet, das an den Ausläufern des Himalaja gewonnen wurde. Das lässt nicht nur auf die Reichweite damaliger Handelsrouten schließen, sondern belegt einmal mehr den hohen Wert dieses Manu-skripts, für das derart seltene und exotische Substanzen verwendet wurden.

Heutzutage bestimmt meist der individuelle Geschmack des Kunsthandwerkers die Farben keltischer Motive – mal mehr, mal weniger von den Originalfarben inspiriert. Die Farbgestaltung hängt auch vom verwendeten Material ab. Bei Stickereien beispielsweise ist man auf die erhältlichen Garnfarben angewiesen und muss bei der Farbgebung manchmal Kompromisse eingehen.

Um Ihnen den Anfang zu erleichtern, werden in diesem Abschnitt einige Anhaltspunkte zur Farbgestaltung der Originalquellen erläutert. Lassen Sie sich bei der Umsetzung Ihrer eigenen Ideen davon inspirieren.

Den Randlinien von Tiergestalten wurde oft eine hellere, neutrale Farbe gegeben. Die Knotenmuster an Kopf und Schwanz wurden ebenfalls meistens neutral eingefärbt; nur der Tierkörper hat eine kräftige Farbe.

In den *Lindisfarne Gospels* wurden bei den Knotenmotiven oft alternierende Farbblöcke in den Farben Gelb/Blau und Orange/Rot benutzt.

Verdoppelte Knotenwerke wurden in den *Lindisfarne Gospels* meist auf einem schwarzen Hintergrund abgebildet, um ihre Detailfülle deutlicher zu machen.

Wenn Motive mit Randlinien versehen wurden, waren diese meist mit helleren und neutralen Farben wie Ocker oder anderen Erdtönen ausgemalt.

Rechts: Wenn ein Design aus mehreren Tiermotiven bestand, wurden die Körper jeweils paarweise mit zwei verschiedenen Farben ausgemalt. Auch bei Motiven aus zwölf Körpern wurden also immer nur zwei Farben verwendet.

Rechts: Dieses Detail wurde einer Seite aus den *Lindisfarne Gospels* nachempfunden und demonstriert die damalige Farbwahl und -gestaltung.

Unten: Natürlich sind der eigenen Fantasie bei der Farbgestaltung keine Grenzen gesetzt – letztendlich entscheidet nur der eigene Geschmack.

Projektgalerie

Bemalter Glaskrug

In dem ausdrucksstarken dreieckigen Spiralmotiv von Seite 85 wiederholt sich die Silhouette dieses eleganten Glaskrugs. Die Konturen des Motivs wurden mit silberner Glasmalfarbe gezogen und mit Lila- und Grautönen passend zum rauchigen Schimmer des Glases ausgefüllt. In diesem Beispiel wurde das Motiv vereinfacht, man kann es nach dem Trocknen jedoch weiter mit Konturenfarbe verzieren.

Bestickte Kissenhülle

Der würdevolle Engel von Seite 97 wurde mit verschiedenen Zierstichen aus Baumwollperlstickgarn auf Dupion-Seide gestickt. Das Motiv wurde zuerst mit Schneiderkopierpapier auf den Seidenstoff übertragen und dann bestickt. Danach wurden die farblich passenden Stoffbänder appliziert und erst dann die Kissenhülle genäht.

Scherenschnitt-Grußkarte

Die Initialen des Empfängers verleihen dieser Grußkarte eine persönliche Note. Das Lebensbaummotiv (Seite 113) und die Buchstaben (Seite 119–125) wurden auf Aquarellpapier übertragen und der Lebensbaum zusätzlich gespiegelt, wodurch sich die Richtung der Knoten umkehrt. Die Motive wurden dann ausgeschnitten und mit Aquarellfarben bemalt. Dabei wurden die Verschlingungen der Knoten so bemalt, dass sie dreidimensional wirken. Nach dem Trocknen wurden die Schnitte auf handgeschöpftes Zierfaserpapier aufgeklebt und das Ganze schließlich auf einem festen, vorgefalteten Strukturkarton befestigt.

Bemalter Seidenschal

Der Schal kombiniert zwei Motive: innen ein verschlungenes Tiermotiv von Seite 67 und außen die dramatische Spiralbordüre von Seite 92. Die Motive wurden vergrößert und mit Bleistift durch den weißen Seidenschal gepaust. Dieser wurde in einen Rahmen eingespannt und die Umrisslinien mit Konturen-Liner (Gutta) nachgezogen. Schließlich wurden die Zwischenräume mit Seidenmalfarbe ausgefüllt. Bei komplizierten Mustern wie diesem ist es ratsam, die Farbkombination zuerst auf einem Stoffrest auszuprobieren, bevor man sich an das Endobjekt wagt.

Handtasche mit Stempeldruck

Das Latène-Motiv von Seite 112 wirkt auf dieser eleganten Handtasche überraschend modern. Für den Druckstempel wurden die Motive aus dünnem Neopren ausgeschnitten und auf Karton geklebt. Dann wurde Stofffarbe auf den Neopren-Stempel aufgetragen und auf den Stoff gedruckt. Nach dem Trocknen wurden die Punkte mit einem goldenen Reliefstift aufgebracht. Erst dann wurde die Tasche genäht. Die Wattierung zwischen dem weichen Futter und dem Stoff verleiht der Tasche einen Hauch von Extravaganz. Schließlich wurde das kleine Kunstwerk mit einer goldenen Kordel zum Umhängen und einer Perlenbordüre am unteren Rand versehen.

Geätzter Spiegel

Die elegante Dekoration wurde mit einer Schablone und Ätzcreme erstellt. Das Knoten-Randmuster von Seite 51 wurde entsprechend der Spiegelgröße geplant, die Knotenelemente mit kleinen »Stegen« verbunden und auf Pauspapier gezeichnet. Dann wurde ein transparenter Schablonenbogen darauf befestigt, das Motiv ausgeschnitten, die fertige Schablone mit Schablonenkleber auf dem Spiegel fixiert und mit der Ätzcreme bestrichen. Wenn die Schablone nach dem Trocknen abgezogen wird, enthüllt sie den feinen Zierrahmen.

Die Schablonen

Knoten

Wenn es um keltische Kunst geht, denken viele sofort an verschlungene Knoten. Dabei entstanden diese erst ab dem 6. oder 7. Jahrhundert n. Chr., als eine der letzten Motive keltischer Kunst, und avancierten erst dann in der keltisch-christlichen Kunst zum vorherrschenden Motiv. Weil es im breiten Spektrum von streng geometrischen bis frei geschwungenen Knoten zahlreiche Motive gibt, sind sie vielseitig einsetzbar. Die Kelten fügten sie gern in die Leerräume zwischen verschiedene Motiven ein. Knotenmotive erinnern an verflochtene Bänder und wurden wahrscheinlich von Korbmustern inspiriert. Die kunstvollsten und harmonischsten Knotenmuster bestehen aus einer einzigen Linie.

Es gibt eigentlich nur eine Grundregel für Knoten, die, wann immer es geht, beachtet werden sollte: Sie müssen regelmäßig verflochten sein, das heißt die Bänder müssen an den Schnittpunkten immer abwechselnd oben oder unten liegen. Da dies jedoch nicht bei allen Mustern möglich ist, muss man manchmal Kompromisse eingehen.

Dreifachknoten wie oben rechts und links, gehören zu den Grundmotiven. Meistens stehen sie für sich allein, manchmal bilden sie auch die Basis für andere Muster, wie bei dem Motiv unten in der Mitte.
Oben rechts: ein durch Parallellinien verdoppelter Dreifachknoten (was mit allen Knoten gemacht werden kann).
Unten rechts und links: dieselben Knoten, aber mit unterschiedlichen Enden.
Oben Mitte, Mitte und unten rechts: Knoten aus den Lindisfarne Gospels.
Unten rechts: aus dem Book of Kells.

Links: Dreifachknoten-Variation aus dem Book of Kells.
Mitte links und rechts: aus den Lindisfarne Gospels.
Mitte und unten: Adaptionen von Motiven der Chi-Rho-Seite des Book of Kells.

Oben: Motiv aus den Kanontafeln des Book of Kells. *Darunter: aus den* Lindisfarne Gospels. *Die unteren drei Knoten entstammen ebenfalls dem* Book of Kells.

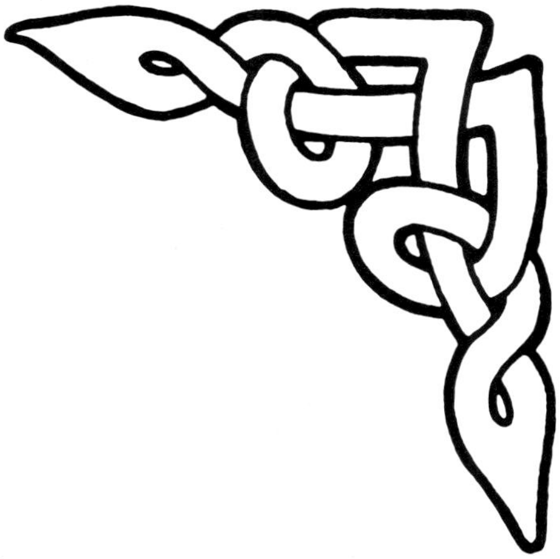

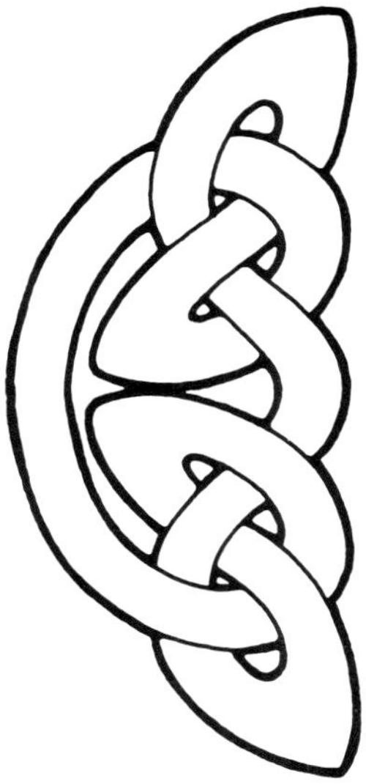

Oben links: Motiv aus Miegle im schottischen Perthshire. Oben rechts: von einem Steinkreuz in St. Vigeans, Perthshire, Schottland. Mitte und unten rechts: aus dem Book of Kells.

Oben links: Motiv von einem Steinkreuz in Carndonagh, Co. Donegal, Irland. Unten rechts: aus einem Portrait des heiligen Johannes im Book of Kells. *Im Original waren die Knoten verdoppelt, hier sind sie vereinfacht dargestellt.*

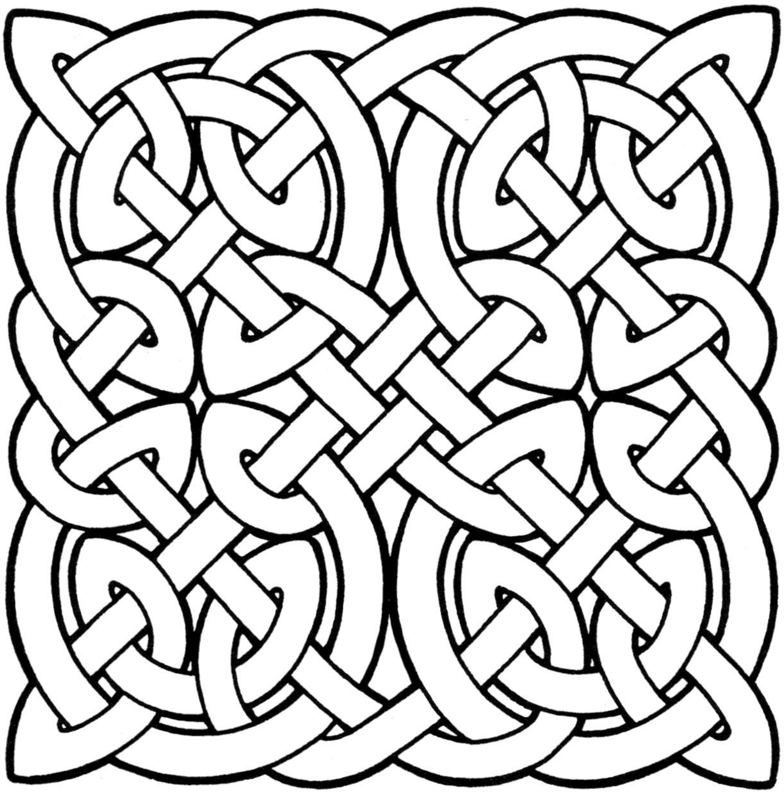

Unten rechts: Motiv von einer Steinplatte aus Collieburn, Sutherland, Schottland.
Oben links: Hauptmotiv der Collieburn-Steinplatte, bei dem Kreuz auf Seite 44 auch als Zentralmotiv verwendet.

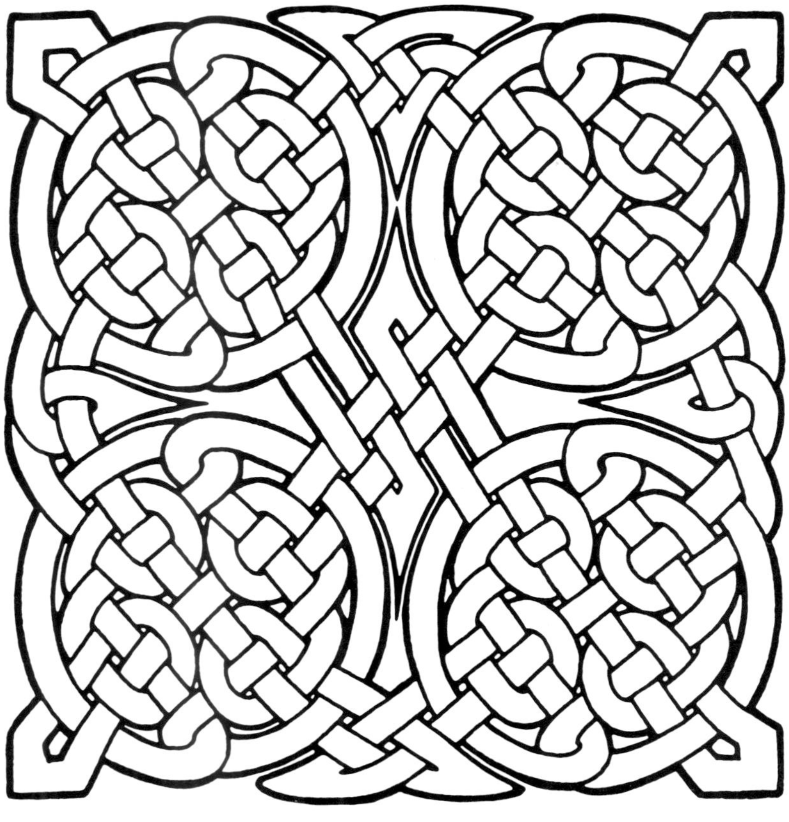

In der christlichen Periode war das Kreuz ein sehr beliebtes Motiv in der keltischen Kunst. Die ausdrucksstärksten Kreuze finden sich auf Steinreliefs, von denen diese Motive inspiriert wurden.

Die Knotenmotive bei den Kreuzen auf dieser Doppelseite können beliebig kombiniert werden. Die Zentralmotive dieser und der nächsten beiden Kreuze bestehen aus einer einzigen Linie. Diese Methode gilt als die eleganteste Art, Knoten zu designen, ist aber nicht immer durchführbar.

Dieses einfache Kreuz wurde einer Kreuzteppich-Seite des Book of Durrow *entnommen. Der äußere Knotenrahmen wurde hinzugefügt.*

Das Knotenmotiv in diesem großen Knotenrahmen stammt von Seite 57.

Diese zwei Rahmen wurden ursprünglich für Bilder hergestellt.

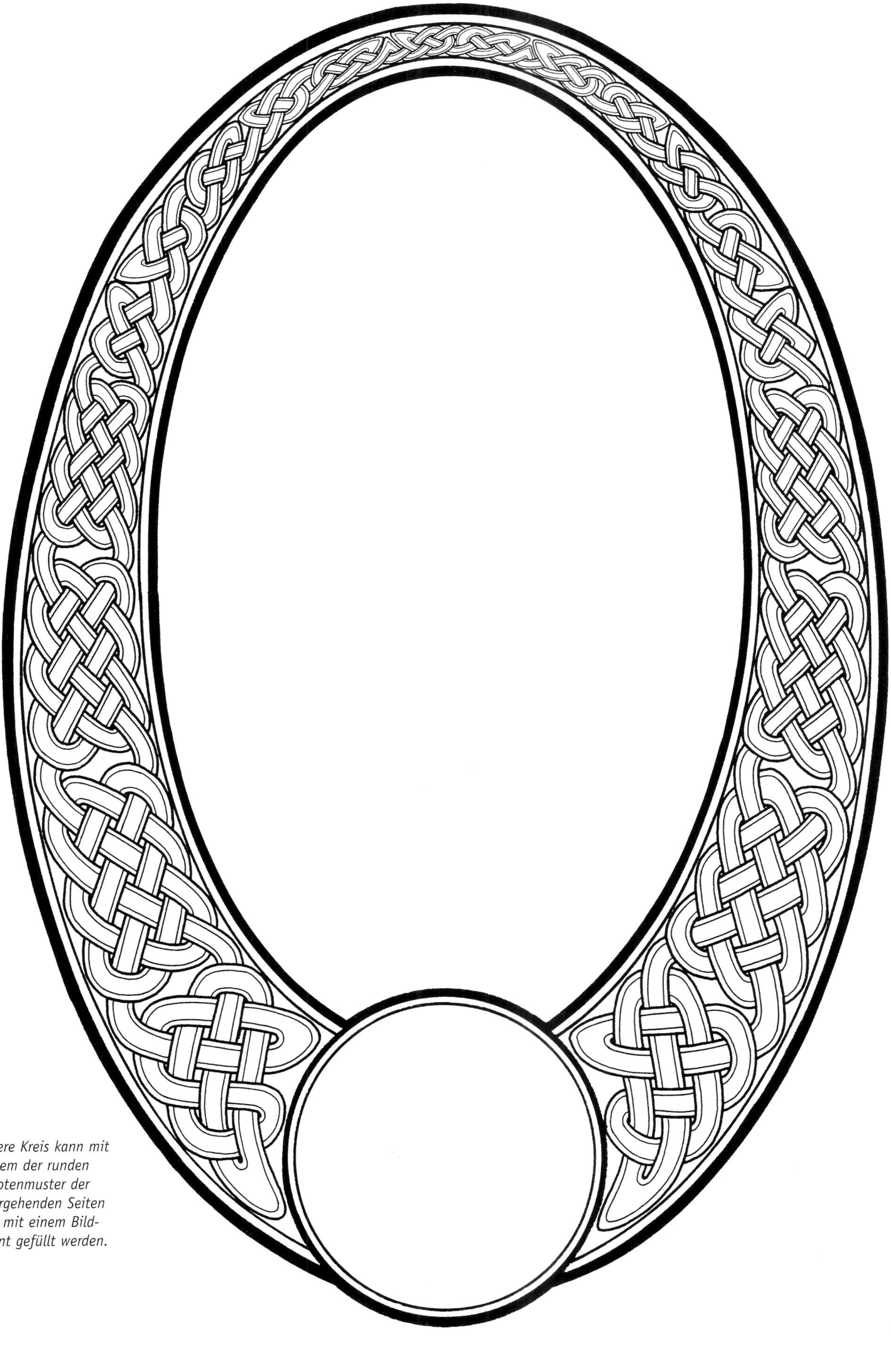

Der leere Kreis kann mit einem der runden Knotenmuster der vorhergehenden Seiten oder mit einem Bildelement gefüllt werden.

Knoten eignen sich hervorragend für Zierrahmen aus wiederholten Motiven. Auf dieser und den folgenden Seiten finden sich mehrere Knotenmuster, die als Basis für Zierleisten oder -rahmen dienen können. Ebenfalls abgebildet sind weitere Grundelemente wie Eck- und Endstücke. Stellenweise werden erweiterte Versionen des Basismusters gezeigt, die bei der Anpassung an die Rahmenform nützlich sein können, wie bei diesem Rahmen oben und unten.

Mit Knoten lassen sich auch runde, dreieckige, elliptische und kreuzförmige Rahmen gestalten oder Kombinationen dieser Formen. Dieser Knoten aus dem Book of Kells *ist besonders gut für unregelmäßige Rahmenformen geeignet.*

Auf den Seiten 22–23 wird beschrieben, wie die Muster an die Rahmengröße angepasst werden können.

Muster aus den Lindisfarne Gospels *und dem* Book of Kells.

Die Muster auf dieser Doppelseite entstammen den Lindisfarne Gospels *und dem* Book of Kells.

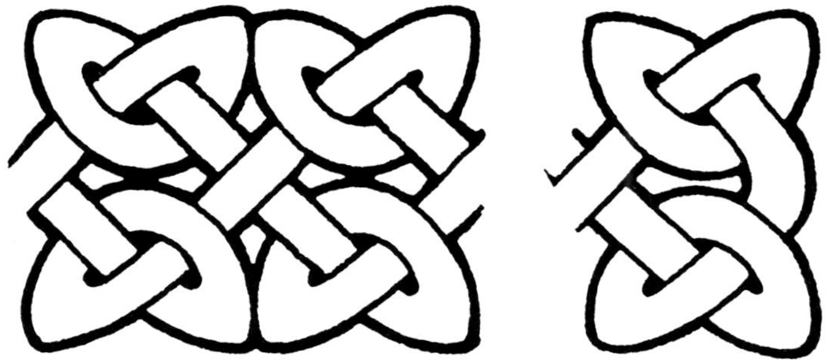

Knotenmuster des Maiden Stone *in Aberdeenshire, Schottland*.

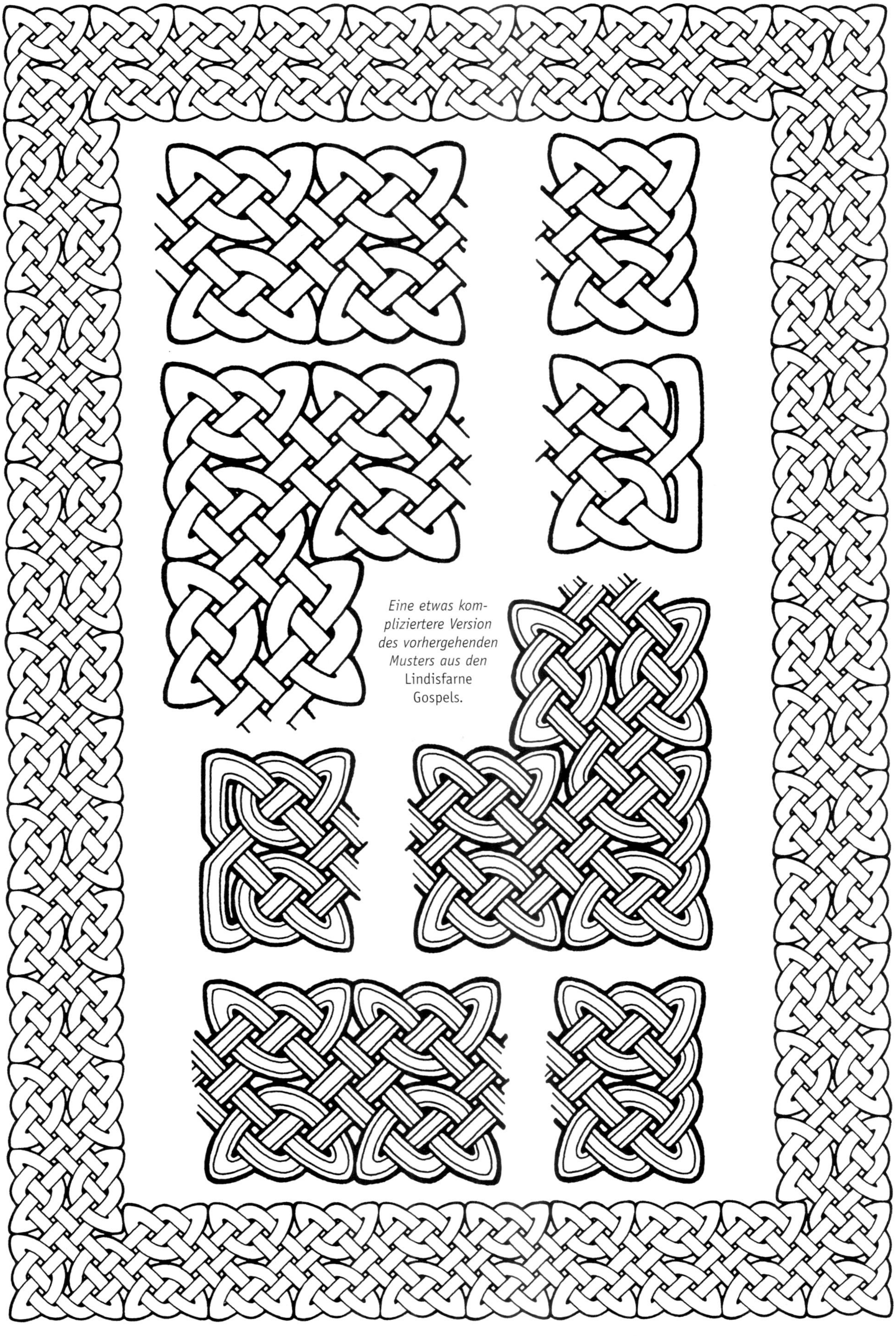

Eine etwas kompliziertere Version des vorhergehenden Musters aus den Lindisfarne Gospels.

Ein beliebtes Knotenmuster aus den Lindisfarne Gospels, *das auf vielen ganzseitig illuminierten Seiten der Evangelien von Markus, Johannes und Matthäus auftaucht. Ebenfalls abgebildet sind drei unterschiedliche Eckstücke, die bei verschiedenen Seitenverhältnissen des Zierrahmens eingesetzt werden können.*

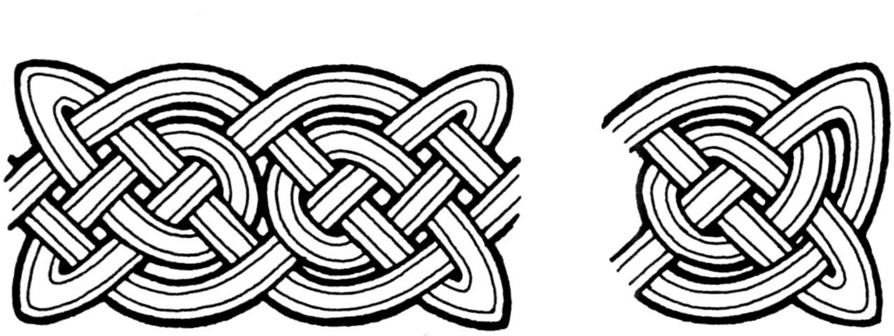

Dieses Muster aus den Lindisfarne Gospels leitet den Brief des heiligen Hieronymus an Papst Damasus und das Markus-Evangelium ein. Beide Male wird die unten abgebildete, verdoppelte Version verwendet. Auf den ersten Blick sehen sie unglaublich kompliziert aus, aber wenn man den Basisknoten beherrscht, ist es gar nicht so schwer.

Tierwesen

Obwohl dieses Kapitel den Tier- und Fabelwesen gewidmet ist, finden sich darin auch einige menschliche Motive. In den verschiedenen Perioden der keltischen Kunst wurden unterschiedliche Tiere bevorzugt: Frühe Bilder zeigen Wildschweine und Pferde, Assoziationen zur Jagd und zum Kampf. Zur Zeit der Handschriften traten andere Tiere in den Vordergrund – Vögel, Raubtiere und Reptilien z. B., die oft mit Knotenmustern verbunden wurden.

Jede der drei Tierformen weist spezifische Eigenschaften auf. Die Schlangen wirken am einfachsten und ähneln gewöhnlichen Bänderknoten mit Kopf und Schwanz; ihre Körper haben eine einheitliche Breite. Manchmal sind die Augen mit kleinen Knoten verziert. Die Hälse der Vögel sind verschlungen und verdreht und sitzen auf ziemlich geradlinigen Körpern mit dekorativen Federn oder Mustern. Die Schwanzfedern können in detaillierte Verflechtungen übergehen und aus dem Kopf wächst oft ein einzelner Knoten.

Wegen des biblischen Inhalts der Manuskripte hielt man die Raubtiere lange für Löwen, obwohl sie eigentlich wie Hunde aussehen und heutzutage auch als solche bezeichnet werden. Ihre Beine sind manchmal durch Spiralen mit dem Körper verbunden. Somit vereinigen diese Motive drei Hauptbestandteile der spätkeltischen Kunst – Knoten, Tierwesen und Spiralen.

Alle Motive auf dieser Seite entstammen dem Book of Kells. *Oben: aus der Gefangennahme Christi. Mitte rechts: aus der Mitte eines Großbuchstaben Q.*

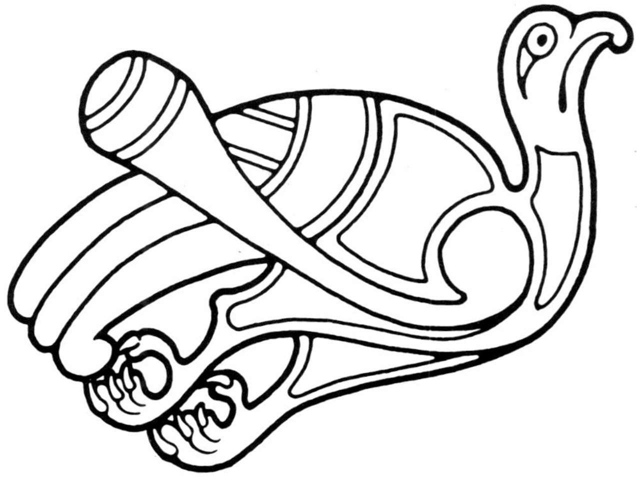

Alle Motive sind dem Book of Kells *entnommen. Mitte: aus der Mitte eines Großbuchstaben C. Unten rechts: aus einem Großbuchstaben T.*

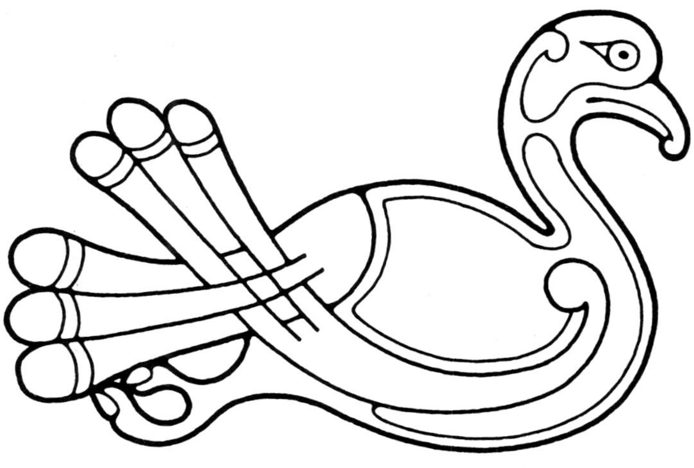

Oben links: aus einem Bild der Jungfrau Maria mit Kind im Book of Kells.
Mitte: von der letzten Kanontafel in den Lindisfarne Gospels.
Unten rechts: aus dem Anfang des Johannes-Evangeliums, Lindisfarne Gospels.
Unten links: aus einem Großbuchstaben M im Book of Kells.

Alle Motive sind dem Book of Kells *entnommen. Oben: der »Schweif« eines Großbuchstaben X.*

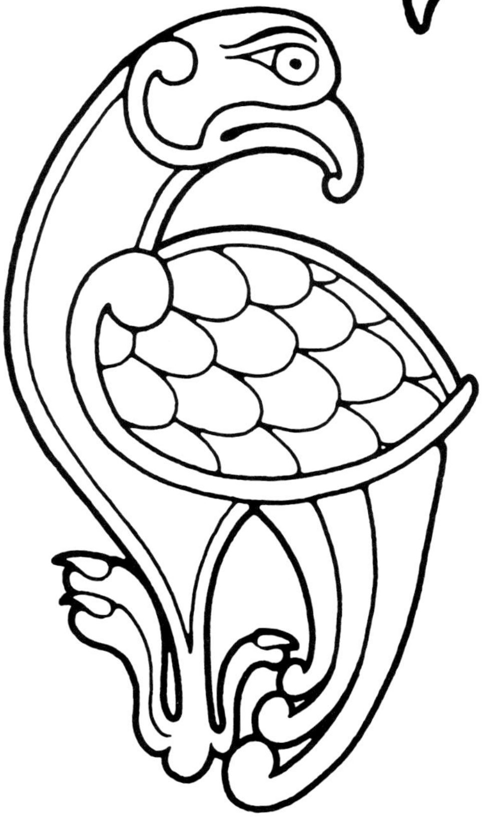

Außer dem Motiv oben links entstammen alle dem Book of Kells. *Oben rechts: der »Schweif« eines Großbuchstaben E.*

Oben links:
der Buchstabe D.
Oben rechts: der Buchstabe E. Beide aus dem
Book of Kells.
Mitte: aus dem
Anfang des Johannes-Evangeliums.
Unten: aus dem Anfang
des Markus-Evangeliums.
Beide aus den Lindisfarne
Gospels.

Oben links: der Buchstabe E aus dem Book of Kells.
Oben rechts: Eckstück eines Zierrahmens aus den Lindisfarne Gospels.
Mitte: das Symbol für den heiligen Johannes, Book of Kells.
Unten links: aus dem Book of Kells.
Unten rechts: in Anlehnung an ein schottisches Steinrelief mit Reiterdarstellungen.

Oben rechts und oben links: aus dem Book of Kells. Unten links: Variation eines Motivs im Evangelium des heiligen Chad.

Oben rechts, Mitte und unten links: aus dem Anfang des Matthäus-Evangeliums im Book of Kells. *Unten rechts: Abwandlung eines weiteren Motivs aus dem* Book of Kells.

Oben rechts: Detail einer Kreuzteppich-Seite, die in den Lindisfarne Gospels *dem Matthäus-Evangelium voransteht. Unten rechts: Variation eines Motivs aus dem Anfang des Markus-Evangeliums im* Book of Kells.

Oben links: Variation eines Motivs der Kreuzteppichseite am Anfang des Lukas-Evangeliums in den Lindisfarne Gospels. *Unten rechts: nach einem Motiv im* Book of Kells. *Unten links: die gestreckte Version eines Motivs der vorhergehenden Seite.*

Oben: Muster am Anfang des Matthäus-Evangeliums im Book of Kells, *eine detailliertere Version des Musters von Seite 67. Unten: in Anlehnung an ein Motiv auf der Jungfrau-mit-Kind-Seite im* Book of Kells.

Die Quadranten auf dieser Doppelseite können zu runden Mustern zusammengesetzt werden (Seiten 20–21).

Das Motiv des Mannes und das Vogelmotiv stellen Spiegelungen der gegenüberliegenden Seite dar, die Sie für ein rundes Muster benötigen.

Figur am Anfang des Markus-Evangeliums im Book of Kells.

Das Hauptmotiv der Vögel für dieses Rahmenmuster entstammt dem Matthäus-Evangelium der Lindisfarne Gospels. *Die beiden Vogelmotive unten links entstammen derselben Quelle und können ebenfalls für Rahmen verwendet werden.*

Dieses Rahmenmuster entstammt dem Johannes-Evangelium in den Lindisfarne Gospels.

Das Hundemotiv wurde dem Anfang des Matthäus-Evangeliums in den Lindisfarne Gospels *entnommen.*

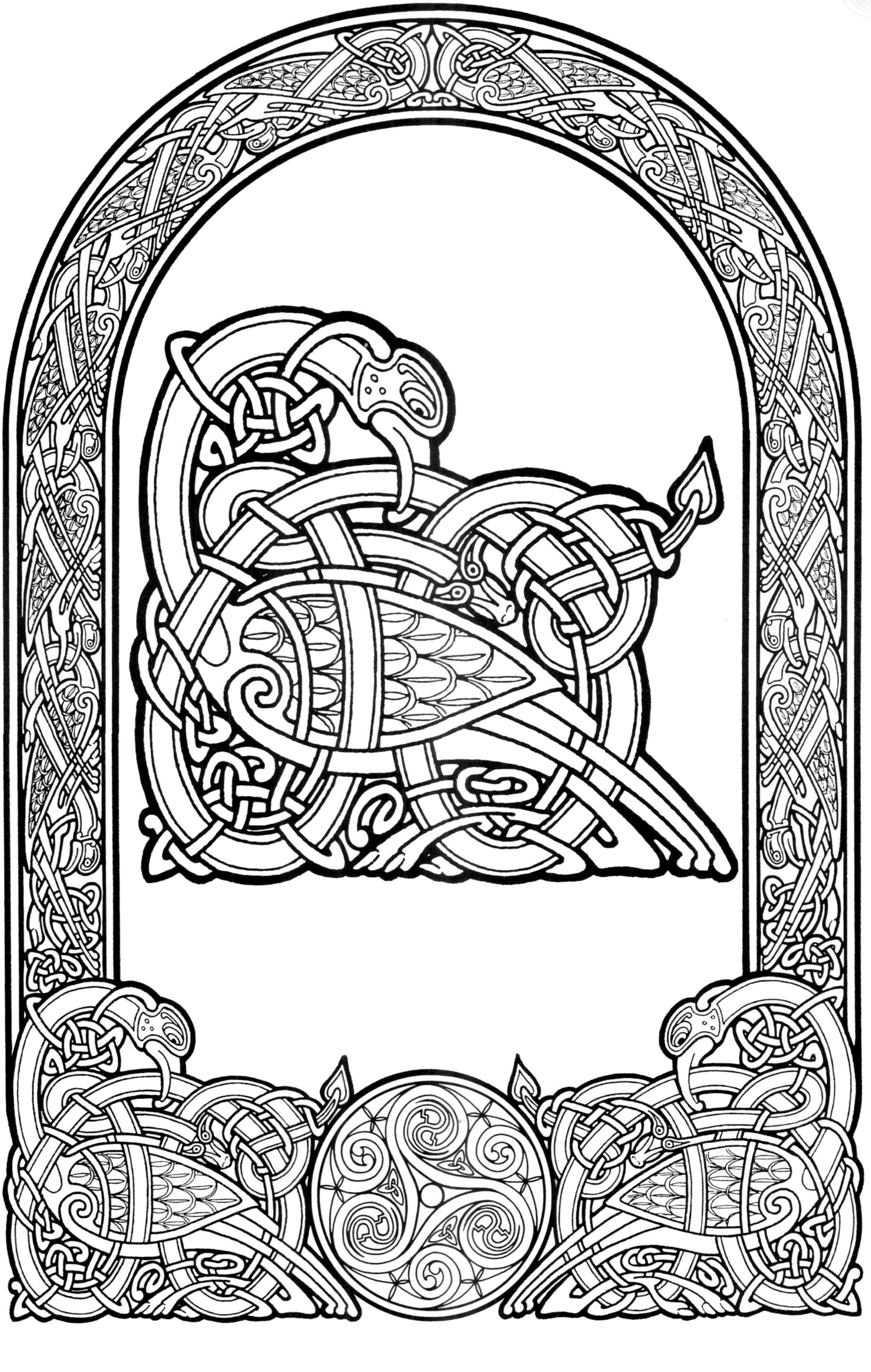

Spiralen

Die Spirale ist eines der ältesten Dekorationselemente der Menschheit und das einzige Motiv frühkeltischer Kunst, das in die spätere christliche Periode übernommen wurde. Gegen Ende dieser Epoche traten die Spiralen allerdings in den Hintergrund, während Knotenbänder und Tierwesen zunehmend dominierten. Der um 3200 v. Chr. errichtete Torstein im irischen Newgrange liefert ein gutes Beispiel für Spiralmotive, die schon Jahrtausende vor den Kelten entstanden sind.

Spiralen sind von der Natur inspirierte Motive, die sich z. B. in einem Schneckenhaus oder einem jungen, noch eingerollten Farnblatt wiederfinden. Vielleicht erlangte das Spiralmotiv auch deshalb eine so wichtige symbolische Bedeutung. In keiner anderen Kultur wurde es so ausdifferenziert wie bei den Kelten.

Eines der Hauptmerkmale keltischer Spiralmotive ist die Verknüpfung ganzer Spiralengruppen durch S- oder C-förmige Kurven.

Am offenen Ende erweitern sich die Spiralen oft zur Trompetenform, die durch mandelförmige Elemente mit anderen Spiralen oder Trompeten verbunden wird. Werden mehrere dieser Elemente und unterschiedliche Spiralen geometrisch effektvoll kombiniert, können regelrecht hypnotische Effekte entstehen.

Oben links, oben Mitte, Mitte links und die beiden mittigen Motive entstammen den Lindisfarne Gospels.

Oben links und Mitte: aus dem Bildnis des heiligen Matthäus im Book of Kells. *Oben rechts: aus dem* Book of Durrow.

Oben rechts und Mitte: aus dem Book of Kells. *Unten links: vom* Aberlemno Stone *in Schottland. Unten rechts: von der* Brosche von Tara, *Irland.*

Unten: aus einer Christusdarstellung im Book of Kells.

Oben: eine Kombination aus Motiven im Book of Kells *und den* Lindisfarne Gospels.

Oben: von der Grabplatte Hilton of Cadboll, Ross-shire, Schottland.

Unten: vom Shandwick Stone *in Ross-shire, Schottland.*

Heilige und Engel

Symbolgehalt und Intention der keltischen Kunst sind größtenteils verloren gegangen, außer bei den illuminierten Handschriften. Besonders im *Book of Kells* finden sich zahlreiche figurative Darstellungen der Evangelisten und ihrer Symbole sowie Abbildungen von Engeln, Mönchen, der Jungfrau Maria, Jesus und sogar von Gott selbst. Da Engel für all-gegenwärtige, aber unsichtbare Wesen gehalten wurden, sind sie am häufigsten vertreten.

Das *Book of Kells* steckt voller Symbole: Kreuze, Fische, Löwen, Schlangen, Pfauen, Kelche und Weinreben verweisen allesamt auf Christus. Die anderen Hauptfiguren in den Darstellungen repräsentieren die vier Evangelisten Matthäus, Markus, Lukas und Johannes mit ihren jeweiligen Symbolen Mensch, Löwe, Lamm und Adler.

Die runde Scheibe am Ende eines Stabs, der von zwei Engeln gehalten wird, heißt *Flabellum* und verweist auf die östlichen Ursprünge der Kirche. Damals wurden solche Fächer während der Messe als Fliegenwedel verwendet. Im *Book of Kells* stehen sie wahrscheinlich für den Schutz gegen Unreinheit.

Alle Bilder in diesem Abschnitt entstammen dem Book of Kells.
Oben: Engel aus dem zweiten Anfang des Matthäus-Evangeliums.
Mitte links: Engel von den Kanontafeln.
Ganz rechts: Engel aus einer Christusdarstellung.
Unten links: Christuskopf aus der Gefangennahme Jesu.

Oben links: Engel aus der Versuchung Christi.
Unten links: aus dem Anfang des Argumentum des heiligen Matthäus.
Unten Mitte: aus der Versuchung Christi.
Unten rechts: Engel aus einer Jesusdarstellung.

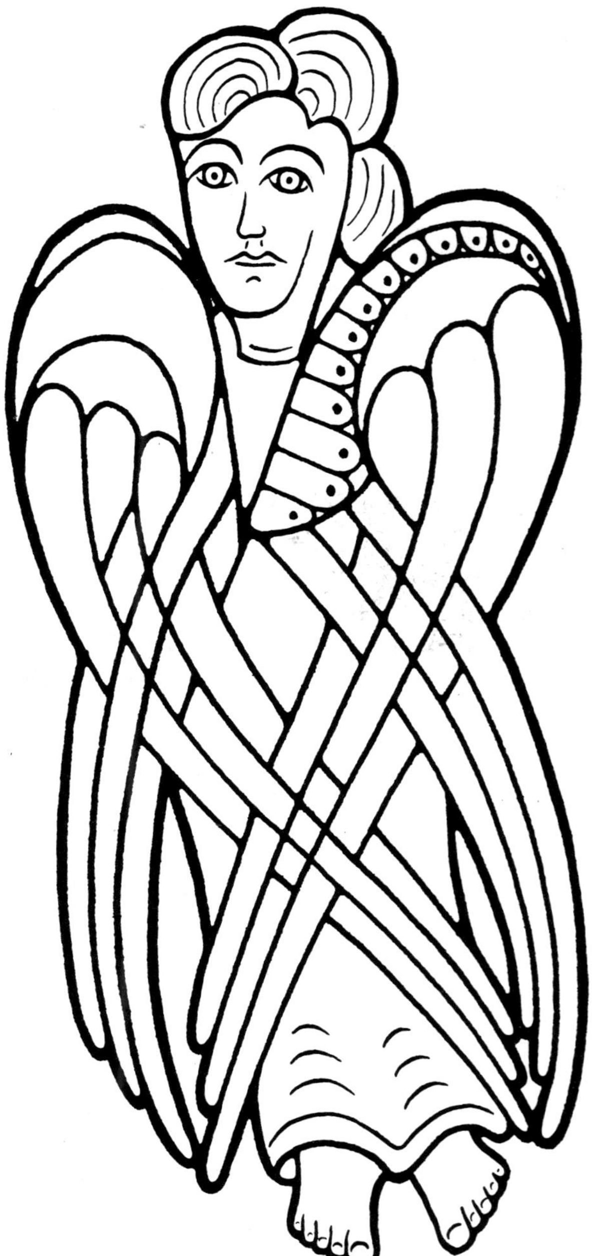

Der Mensch als Symbol für den Evangelisten Matthäus.

Das Lamm als Symbol des Evangelisten Lukas.

Der Adler als Symbol des Evangelisten Johannes.

Links: Jesusdarstellung.
Ganz links: Darstellung des heiligen Matthäus.

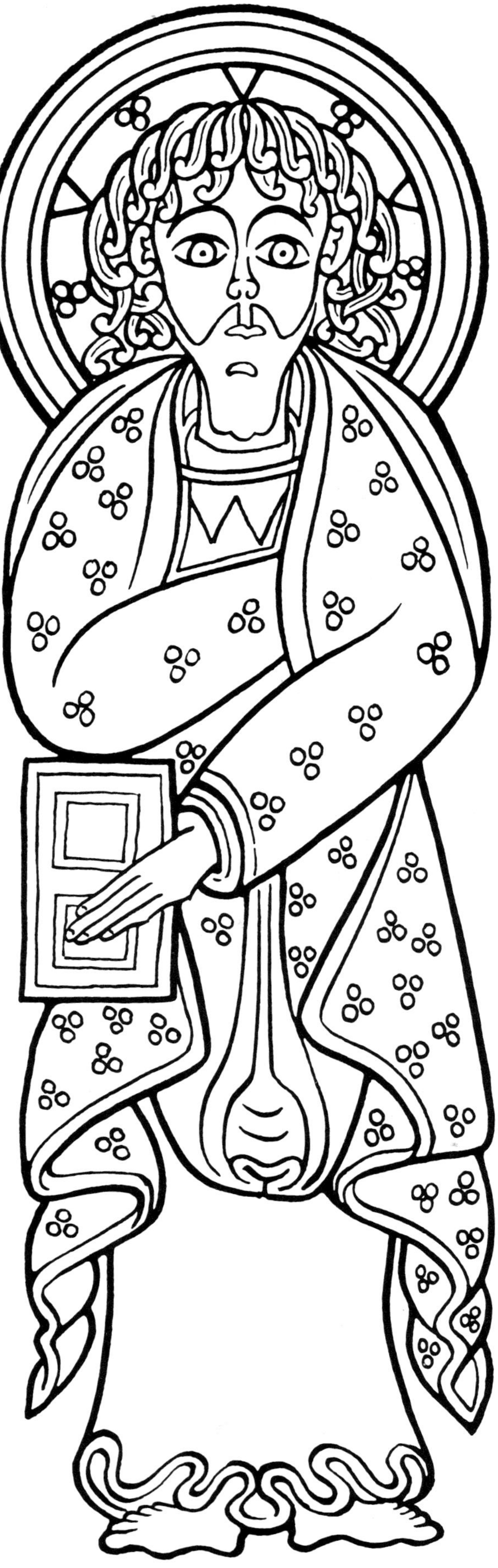

Darstellung des heiligen Johannes.

Baum des Lebens

Der Lebensbaum ist eines der selteneren Motive der spätkeltischen Kunst. Er ist vorwiegend im *Book of Kells* und auf einigen Steinplatten abgebildet, die größtenteils aus Schottland stammen. Man nimmt an, dass der Baum des Lebens in Form der klassischen Weinrebe als eines der Symbole für Christus steht. An den Ästen sind oft Trauben zu erkennen.

Die Blätter winden sich aus Töpfen oder Kesseln, denen die Kelten große Bedeutung beimaßen. In der Geschichte des Branwen aus der walisischen Legendensammlung *Mabinogion* wird beispielsweise ein Kessel erwähnt, der getötete Krieger wieder zum Leben erwecken kann. Andere Kessel in der keltischen Mythologie können Nahrung, Prestige oder Wissen hervorbringen. Der heilige Gral der Artuslegende wird als Weiterentwicklung des keltischen Kessels betrachtet. Die Kombination von Weinrebe und Kessel verdeutlicht die große Symbolkraft des Lebensbaums.

Oben links, ganz oben links und rechts: aus dem Book of Kells. *Ganz rechts: nach einem Fragment eines nord-englischen Steinreliefs.*

Ganz links: nach einem Detail der Grabplatte Hilton of Cadboll, Schottland.

Ganz rechts: in Anlehnung an ein Design aus dem zweiten Anfang des Matthäus-Evangeliums im Book of Kells*. Rechts: nach einem Fragmentdetail eines nordenglischen Steinreliefs.*

Gegenüberliegende Seite, Mitte: aus dem Book of Kells, *wird auf dieser Seite oben und unten gespiegelt als komplettes Zierband gezeigt.*
Gegenüberliegende Seite, unten: ebenfalls aus dem Book of Kells.
Rechts: Variation eines Steinreliefs auf dem Walton Cross, Nordengland.

Latène

Der Latène-Stil trat als erste eigenständige keltische Kunstform erstmals um 500 n. Chr. auf. Latène-Motive zierten Helme, Schwerter, Schilde, Krüge, Kessel sowie Pferdegeschirr und spiegeln den keltischen Alltag der Eisenzeit wieder: jagen, kämpfen und trinken. Auf den folgenden Seiten kann nur ein flüchtiger Einblick in die breite Palette verschiedener Motive aus dieser Zeit gewährt werden, deren Formen und Wirkung sich stark von späteren Kunststilen unterscheiden.

Besondere Aufmerksamkeit verdient der immer wiederkehrende Cheshire-Cat-Stil in der Latène-Kunst. Seinen Namen hat er von der Katze aus *Alice im Wunderland*. Denn bei genauerer Betrachtung der fließenden Muster des Waldalgesheim-Stils werden Augen, Nase und Gesichtsform einer Katze sichtbar.

Eine andere Variante bilden die Spiegeldekorationen in Südengland, die im folgenden Abschnitt mit drei Beispielen vertreten sind. Bronzespiegel wurden auf einer Seite poliert und auf der anderen mit Kreisen und Schraffierungen dekoriert.

Die stilisierte Abstraktion der Latène-Kunst zeigt, wie unangemessen es war, dass klassische und spätere Autoren ihre Schöpfer als »Barbaren« bezeichneten.

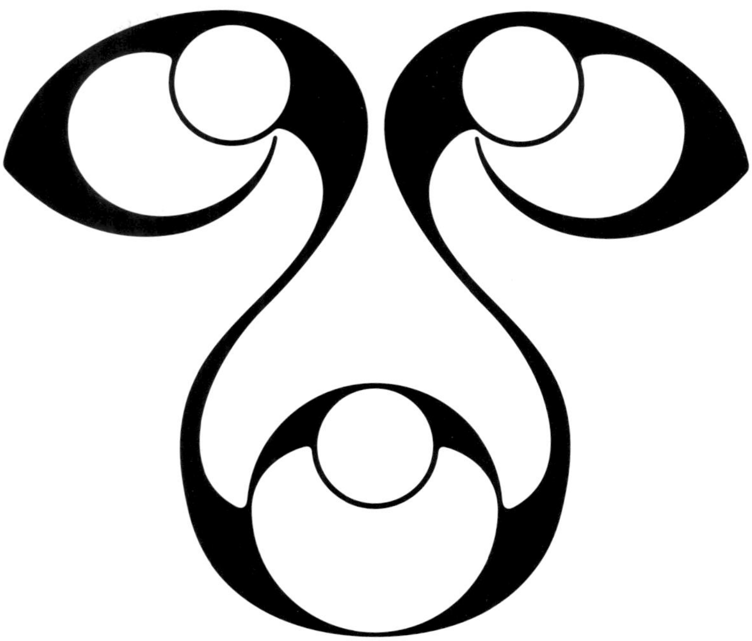

Oben links: Stempelmotiv auf Keramik, Ungarn, 4.–3. Jh. v. Chr.
Oben rechts: Rückseite eines Bronzespiegels aus Aston, Hertfordshire, England, spätes 1. Jh. v. Chr. bis frühes 1. Jh. n. Chr.
Unten drei Muster aus dem 4. Jh. v. Chr. im Waldalgesheim-Stil, benannt nach einem keltischen Grabfund in der Nähe des Ortes Waldalgesheim in Rheinland-Pfalz.

Links: Motiv von einem emaillierten Beschlag eines Pferdegeschirrs, Santon Norfolk, England, 1. Jh. n. Chr.
Ganz links: nach einem Detail einer Schwertscheide, Lisnacrogher, Co. Antrim, Irland.

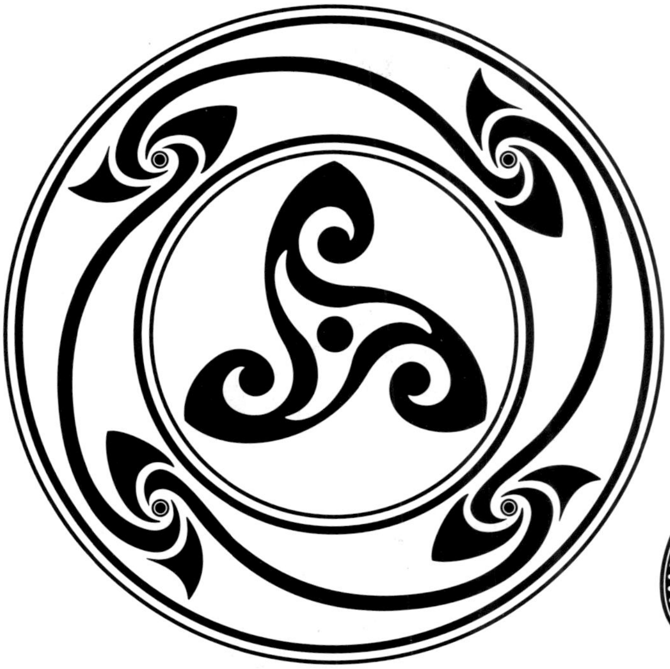

*Oben links: Kombination von Motiven einer Treibarbeit auf Schilden aus Polden Hills, Somerset, England, und Tal-y-Llyn Gwynedd, Wales.
Oben rechts: von einem Krughenkel, Waldalgesheim, Deutschland, 4. Jh. v. Chr.
Unten links: Muster eines Halsrings aus der Champagne, Frankreich, 4.-3. Jh. v. Chr.
Unten rechts: Von einem bronzenen »Hornhelm« aus Brentford, England, 2.–1. Jh. v. Chr.*

Oben links: nach einem bronzenen Schildbeschlag, Tal-y-Llyn, Gwynedd, Wales.
Unten links: Rückseite eines Bronzespiegels, Dorton, England, 1. Jh. n. Chr.
Unten rechts: Variation eines Musters auf einem Bronzehelm aus Apahida, Rumänien, 4.–3. Jh. v. Chr.

Oben links: von einem Bronzesieb aus Marne, Frankreich, 4. Jh. v. Chr.
Oben rechts: Bronzeplakette aus Moel Hiraddug, Wales, 1. Jh. n. Chr.
Unten: Pferdebrosche, Polden Hills, Somerset, England, 1. Jh. n. Chr.

Rückseite eines Bronze-spiegels, Holcombe, Devon, England, 1. Jh. n. Chr.

Plakette, Weiskirchen, Deutschland, spätes 5. bis frühes 4. Jh. v. Chr.

Alphabet

Der Text der illuminierten Handschriften wird oft nicht richtig gewürdigt, vielleicht auch deshalb, weil die meisten Menschen Latein nicht verstehen. Die *Lindisfarne Gospels* enthalten zwar eine Übersetzung zwischen den Zeilen, allerdings ins Angelsächsische der Zeit um 950. Keine leichte Lektüre also, wenngleich sie für Historiker sehr wichtig ist.

Nur eine Hand voll der 680 Seiten des *Book of Kells* sind vollständig illuminiert. Die restlichen Seiten sind mit Texten beschrieben, in denen viele Initialen allerdings mit Tiermotiven dekoriert sind – teilweise so stark verzerrt, dass der Buchstabe nur schwer zu erkennen ist. Das folgende Alphabet zeigt Großbuchstaben aus dem *Book of Kells* und den *Lindisfarne Gospels* sowie moderne Variationen und Adaptionen der Buchstaben.

A b

C d

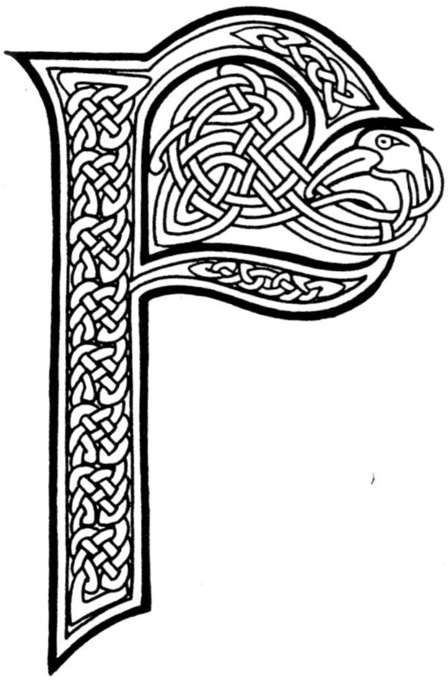

e f

g h

I J

K L

m n

o p

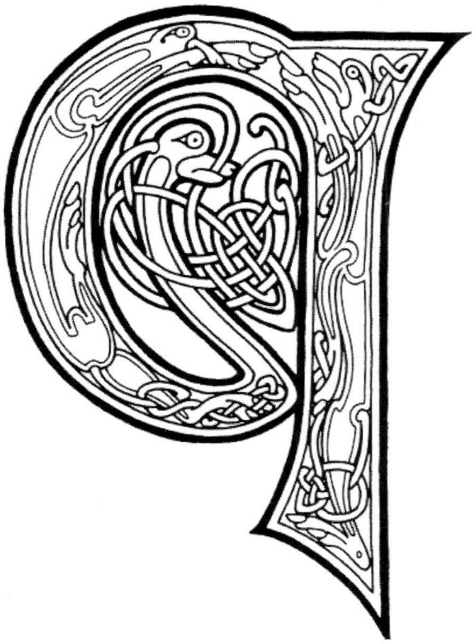

Q R

S T

U V

W X

Z

y

Register

Gefettete Seitenzahlen verweisen auf Illustrationen.

Aberlemno Stone **87**
Acetat, Übertragung auf 14
Alphabet 118, **119–125**
Angelsachsen 7, 9
Applikation 11
Aston **111**
Ausschmücken von Motiven 18–19

Bänder, verflochtene 7, 33, 43, **43**
Barbaren 6, 110
bauchige Objekte, Übertragung auf 14–15
Baum des Lebens 27, **27**, 104–109, **104–109**
Becher 15
Bilder 48–49, **48**, **49**
Book of Durrow **46**, **86**
Book of Kells 9, 10, 96, 118
Brentford **113**
Britische Inseln 6, 9
Brosche von Tara **87**

Carndonagh **40**
Cheshire-Cat-Stil 110
Christentum 7, 9
Christus 96, **97**, **102**, 104
Collieburn **41**

Delphi 7
Dorton **114**
Drahtarbeiten 11
Dreifachknoten 33, **33**

Einflüsse auf keltische Kunst 7
Engel 26, **26**, 96–99, **96–99**
Etrusker 7
Evangelisten 96, **99–103**

Farbe 10, 24–25; Lapislazuli 24
fetthaltiger Stift 13, 14
Flabellum 96
Folie, Prägen von 13
Fotokopien, zum Vergrößern u. Verkleinern 12
Frankreich **113**, **115**

Gemälde 11
Glas, bemaltes 11, 18, 26, **26**; geätztes 29, **29**; Übertragung auf 14
Gobelinstramin 17
Grabbeigaben 6, 7
Gral 104
Griechen 6, 7
Grußkarte 27, **27**

Hallstatt 6
Heilige 96, **99–103**
Hilton of Cadboll **91**, **106**
Holcombe **116**

illuminierte Handschriften 9, **9**, 10, 18, 118
Inkjet Transferpapier 11
Irland 6, 7, 9

Johannes 96, **101**, **103**

Keramik 11; Übertragung auf, 13–15
Kerzen 11
Kessel 104
Kissen 26, **26**
Klöster 7
Knoten 18, **18**, 19, **19**, 21, **21**, 32–57, **32–57**; Eckstücke 22, **22**, 50–57, **50–57**; Farbe 24, **24**; Parallellinien 19, **19**, 24, **24**; Rahmen 22–23, **22**, **23**, 50–57, **50–57**; verdoppelte 24, **24**, 57, **57**
Kombination von Motiven 20, 21
Konturen, Stärke und Breite 18, **18**
Konturen-Liner 28
Kopten 7
Korbmuster 32
Kreisform 21, **21**, 23, **23**, 74; Quadranten 74–77, **74–77**; Tiermotiv-Rahmen **79**, **83**
Kreuz 42–46, **42–46**
Kreuzstichmuster 17
Kreuzteppich 20, 46, 68

Krüge 14, 15, 26, **26**
Latène 6, 7, 9, 110–117, **110–117**
Leuchtkasten, behelfsmäßiger 13
Lindisfarne Gospels 9, 10, 19, 20, 24, 118
Lisnacrogher **112**
Löwen 58, 96
Lukas, heiliger 96, **100**

Mabinogion 104
Maidon Stone **54**
Markus, heiliger 96
Matthäus, heiliger 96, **99**, 102
menschliche Motive 58, **59**, **62**, **63**, **65**, **68**, **71**, **74–75**, **78**, **106–108**, **113**, **117**
Metallwaren 11
Miegle 38
Möbel bemalen 11
Mobiles 11
Modifizieren von Motiven 18–19
Moel Hiraddug **115**
Mosaike 11
mündliche Überlieferung 6–7

Narrative Kunst 9
Newgrange 84

Pigment 24
Polden Hills **113**, **115**
Prägen von Folie 13
Punkte, Verzierung durch 19, **19**

Quadranten 74–77, **74–77**

Rahmen 21, **21**, 22–23, **22**, **23**, Farbe 24, **24**; für Bilder 48–49, **48**, **49**; kreisförmige 21, **21**, 23, **23**, **79**; Latène **112**, **117**; Lebensbaum **106–109**; ovale 48–49, **48**, **49**; rechteckige 22, **22**, 50–57, **50–57**, **80–82**; Spiralen 28, **28**, **92–95**; Tierwesen 22, **72–83**; unregelmäßige Formen 50
Römer 6, 7
Rumänien **114**

Santon **112**
Scanner, Rahmenmotive 23; Vergrößern o. Verkleinern 13
Schablonieren 11, 18, 29, **29**
Scherenschnitt 11, 27, **27**
Schriftkundigkeit 6–7
Seidenmalerei 11, 28, **28**
Shandwick Stone **93**
Spiegel, geätzte 29, **29**; Übertragung auf 13; Spiegeldekoration 110, **111**, **114**, **116**
Spiralen 28, **28**, 84–95, **84–95**, 92–95
Stempel 11, 29, **29**
Stepparbeiten 11
Stickerei 17, 24, 26, **26**
Stoff siehe Textilien
Strecken o. Stauchen der Motive 21, **21**, 22
Stricken 16
Sutton Hoo 9
Symbolismus 84, 96, 104
Symmetrie 20

Tagesdecke 11
Tal-y-Llyn **113**, **114**
Taschen 29, **29**
Teller 15
Textilien 11; bemalte 11, 28, **28**; gestempelte 29, **29**; Gobelinstramin, 17; Inkjet Transfer-Papier, 11; Kreuzstich-Motive 17; Stickerei 17, 24, 26, **26**; Stricken 16; Übertragung der Motive 13–17
Tiermotive, Tierwesen 7, **28**, 58–83, **58–83**; Adler 96, **101**; Farbe 24, **24**, 25, **25**; Hunde 20, **20**, 58, **61–83**, 106; Lämmer 96, **100**; Parallellinien **24**; Pferde 58, **65**; Rahmen 22, **72–83**; Schlangen 96; Vögel 20, **20**, 21, **21**, 58, **60–83**, **106–109**; Wildschweine 58
T-Shirt 11

Ungarn 111
Übertragung, Motive 12–17

Vereinfachung 18
Verflechtungen, Tierwesen 7; Bänder 7, 43, **43**; Knoten 32–57;
Vergrößern von Motiven 12–13
Verkleinern von Motiven 12–13
Vigeans, St. 38

Waldalgesheim-Stil 110, **111**, **113**
Walton Cross **109**
Weinreben 104, **105–109**
Weiskirchen **117**
Wiederholung 20, 50
Windspiele 11

Zentraleuropa 6

Über den Autor

Chris Down war acht Jahre lang als Techniker in der Architekturbranche tätig, bevor er sich als freiberuflicher Illustrator mit dem Schwerpunkt keltische Kunst selbstständig machte. Sein erster Satz keltischer Karten wurde 1994 veröffentlicht. Seitdem hat er zahlreiche Designs für Karten, Fenster-Transparente, Becher, Untersetzer, Schmuckschatullen und Wandtafeln geschaffen. Er lebt bei Salisbury in England.

Bibliografie

Das Buch der keltischen Weisheit
John O'Donohue, dtv, 1997

Das Evangeliar von Kells
Peter Brown, Herder, 1980

Das große Handbuch der keltischen Weisheit
Caitlin und John Matthews, Heyne, 2001

Die Kelten
Alexander Demandt, C.H. Beck, 2001

Die Kelten
Janine Fries-Knoblach, Verlag W. Kohlhammer, 2002

Die Kunst der Kelten
J. Romilly Allen, Fourier, 1998